Sur les lois de la peinture japonaise

japonaise

Une introduction à l'étude de l'art du Japon

Henry P. Bowie

Estampes classiques

Cette édition parue en 2023

ISBN : 9789359255491

Publié par
Writat
email : info@writat.com

Introduction par Iwaya Sazanami [1]

Tout d'abord, je dois dire qu'en 1909, j'ai accompagné les honorables commissaires commerciaux japonais dans leur visite dans les différentes capitales américaines et dans d'autres villes des États-Unis, où nous avons été accueillis le plus chaleureusement et pour laquelle nous nous sommes tous sentis très émus . la plus profonde gratitude. Nous étions tous si heureux, mais moi particulièrement ; en effet, il serait impossible d'être plus heureux que je ne l'ai ressenti, et cela était particulièrement vrai un jour, à savoir le vingt-sept novembre de l'année mentionnée, où Henry P. Bowie, Esq., nous a invités à sa résidence. à San Mateo, où nous avons trouvé qu'il avait érigé une porte commémorative pour commémorer nos victoires dans la guerre russo-japonaise ; et sa dédicace avait été réservée pour ce jour de notre visite. Suspendue au-dessus des portails se trouvait une tablette de bronze sur laquelle étaient inscrites des lettres écrites par mon défunt père, Ichi Roku. Le soir du même jour, nous avons été invités par notre hôte à une réception que nous offrait à San Francisco la Japan Society of America, où j'ai eu l'honneur de prononcer un bref discours sur le folklore japonais. Dans les salles adjacentes était exposée une grande collection d'écrits et de peintures japonaises, ces dernières étant principalement l'œuvre de l'artiste Kubota Beisen , tandis que les écrits provenaient du pinceau de mon père décédé, entre qui et M. Bowie existaient les relations du amitié la plus chaleureuse et estime mutuelle.

Deux ans ou plus se sont écoulés et je reçois maintenant des informations de M. Shimada Sekko selon lesquelles M. Bowie est sur le point de publier un ouvrage sur les lois de la peinture japonaise et on me demande d'en écrire une préface. Je sais bien à quel point je ne suis pas apte à une telle entreprise, mais, compte tenu de tout ce que j'ai raconté ici, je ne crois pas pouvoir refuser.

En effet, il me semble que l'art de notre pays a été présenté depuis de nombreuses années au public européen et américain de toutes sortes de manières, et que des centaines de livres sur l'art japonais ont paru dans plusieurs langues étrangères ; mais j'ai été personnellement alarmé par le fait qu'un grand nombre de ces livres contiennent soit des observations superficielles faites au cours de séjours touristiques de six mois ou d'un an dans notre pays, soit ne sont que des commentaires hâtifs, des compilations, des extraits ou des références, choisis ici et là parmi d'autres. tomes. Tout travail de ce genre doit être considéré comme extrêmement superficiel. Mais M. Bowie réside au Japon depuis de nombreuses années. Il connaît parfaitement nos institutions et la vie nationale ; il est habitué à nos mœurs, connaît parfaitement notre langue et notre littérature, et il comprend à la fois nos arts d'écrire et de peindre. En fait, j'ai l'impression qu'il en sait plus sur ces questions que beaucoup de mes propres compatriotes ; de plus, son goût s'adapte instinctivement à l'atmosphère de pensée orientale et s'accorde avec les idéaux japonais. Et c'est lui qui est l'auteur du présent volume. Pour d'autres, un travail de ce genre serait très grand ; Pour M. Bowie, ce n'est pas un travail aussi difficile, et il doit sûrement s'avérer une source d'enseignement inestimable non seulement pour les Européens et les Américains, mais aussi pour mes propres compatriotes, qui en tireront de nombreuses leçons. Ah, quelle chance nous estimons qu'un tel livre paraisse dans des pays si éloignés de nos côtes natales. Maintenant que j'apprends que M. Bowie a écrit ce livre, le bonheur d'il y a deux ans se renouvelle à nouveau, et de ce pays lointain, je lui présente mes plus chaleureuses félicitations, avec l'espoir confiant que son travail se révélera fructueux.

Iwaya Sho Ha,

Tokyo, Japon,
17 août 1911

Introduction par Hirai Kinza [2]

Il y a dix-sept ans, à une époque où la Chine et le Japon croisaient le fer, M. Henry P. Bowie est venu me voir à Kyoto pour me demander de lui enseigner la langue japonaise et les caractères chinois. J'ai accepté et j'ai commencé son instruction. J'ai vite été étonné par ses progrès extraordinaires et j'avais du mal à croire que sa langue et son écriture n'étaient pas celles d'un Japonais d'origine. Quant aux caractères écrits chinois, nous les apprenons uniquement pour connaître leur signification et ne sommes pas habitués à rechercher leur signification cachée ; mais M. Bowie a analysé si minutieusement leurs formes, leurs traits et leurs valeurs picturales que sa connaissance de ceux-ci a souvent étonné et réduit au silence mes propres compatriotes. En outre, ayant entrepris d'étudier la peinture japonaise, il se plaça sous la direction d'un de nos artistes les plus célèbres et, travaillant quotidiennement avec un zèle sans relâche, fit en un temps relativement court de merveilleux progrès dans cet art. Lors d'une de nos expositions publiques d'art , il a exposé une peinture de pigeons volant à travers un bosquet de bambous qui a été grandement admirée et louée par tout le monde, mais personne ne pouvait croire qu'il s'agissait de l'œuvre d'un étranger. A l'issue de l' exposition , il a reçu un diplôme attestant son mérite. Nombreux étaient ceux qui convoitaient le tableau, mais tel qu'il m'avait été offert à l'origine, je le possède toujours. De temps en temps , je rafraîchis mes yeux avec l'œuvre et je l'expose avec beaucoup de plaisir à mes amis. Souvent après cela, M. Bowie, toujours occupé à peindre des tableaux remarquables à la manière japonaise, les exposait dans les diverses expositions d'art du Japon et fut à deux reprises spécialement honoré par notre empereur et notre impératrice, qui exprimèrent tous deux le souhait de posséder son œuvre, et M. Bowie a eu l'honneur de l'offrir à nos Majestés Impériales.

Sa réputation s'est rapidement répandue et les demandes pour ses peintures ont été si nombreuses que pour s'y conformer, son temps était continuellement occupé.

Il s'apprête maintenant à publier un ouvrage sur la peinture japonaise pour éclairer et instruire les peuples des nations occidentales sur notre art. Comme je crois qu'un tel livre doit avoir une grande influence dans la promotion de sentiments de bienveillance entre le Japon et l'Amérique, en faisant largement connaître les sentiments de notre peuple et les conditions de notre vie nationale, j'ose offrir quelques mots concernant les circonstances dans lesquelles se déroulent les événements. dont j'ai fait la connaissance de l'auteur pour la première fois.

Hirai Kinza ,

Préface _

Ce volume contient l'essentiel des conférences sur les lois et canons de la peinture japonaise données devant la Japan Society of America, le Sketch Club de San Francisco, les étudiants en art de l' Université de Stanford , le Saturday Afternoon Club de Santa Cruz, les Arts and Crafts. Guild of San Francisco et Art Institute de l'Université de Californie.

L'intérêt suscité par le sujet encourage à croire qu'une connaissance plus large des principes essentiels qui sous-tendent l'art de la peinture au Japon se traduira par une bonne appréciation du travail artistique de ce pays.

Les termes de l'art japonais et d'autres mots jugés importants ont été volontairement retenus et traduits pour le bénéfice des étudiants souhaitant s'initier sérieusement à la peinture japonaise auprès de maîtres autochtones. Les termes imprimés en petites majuscules sont d'origine chinoise ; tous les autres en italique sont japonais.

Tous les dessins illustrant le texte ont été spécialement préparés par M. Shimada Sekko , un artiste de recherche et de talent qui, sous la direction de David Starr Jordan, s'est longtemps engagé dans des illustrations scientifiques en relation avec la Smithsonian Institution.

L'auteur s'excuse pour toutes les références à des expériences personnelles qu'il aurait certainement omises car il pourrait considérer les pages suivantes comme autre chose qu'une introduction informelle du lecteur à l'étude de la peinture japonaise.

CHAPITRE UN.
EXPÉRIENCES PERSONNELLES

En 1893, je fis une courte visite au Japon et, m'intéressant à tout ce que j'y voyais, l'année suivante je fis un deuxième voyage dans ce pays. Ayant élu domicile à Kyoto, j'ai décidé d'étudier et de maîtriser, si possible, la langue japonaise, afin de bien comprendre les gens, leurs institutions et leur civilisation. Mes études commençaient au lever du jour et duraient jusqu'à midi. Les après-midi étant libres, il m'est venu à l'esprit que je pourrais, avec profit, m'intéresser au sujet de la peinture japonaise. La ville de Kyoto a toujours été le foyer de l'art japonais. A cette époque, le grand artiste Ko No Bairei y vivait encore, et l'un de ses distingués élèves, Torei Nishigawa , m'a été fortement recommandé en tant que professeur d'art. Bairei avait déclaré que les capacités de Torei étaient si grandes qu'à l'âge de dix-huit ans, il avait appris tout ce qu'il pouvait lui apprendre. Torei avait maintenant plus de trente ans et était un type parfait de son espèce, débordant de compétences, d'érudition et d'humour. Il m'a donné mon premier cours et j'ai été simplement admis.

C'était comme si le ciel s'était ouvert pour révéler un nouveau royaume de l'art. Prenant son pinceau en main, en quelques traits il avait exécuté un chef-d'œuvre, un loquot *(biwa)* branche, dont les feuilles se regroupent autour du fruit mûr. Instinct de vie et de beauté, il semblait avoir grandi sous mes yeux. De ce moment date mon enthousiasme pour la peinture japonaise. Je restai sous Nishigawa pendant deux ans ou plus, travaillant assidûment à genoux, quotidiennement, de midi jusqu'à la tombée de la nuit, peignant sur soie ou sur papier étalé devant moi, selon la méthode japonaise.

Les peintres japonais sont généralement classés selon ce qu'ils se limitent à produire. Certains sont connus comme peintres de figures (JIM BUTSU) ou d'animaux (DO BUTSU) , d'autres comme peintres de paysages (SAN SUI), d'autres encore comme peintres de fleurs et d'oiseaux (KA CHO) , d'autres comme peintres de sujets religieux (BUTSU GWA), et ainsi de suite. Torei était un peintre de fleurs et d'oiseaux, et ceux qu'il a exécutés sont vraiment aussi beaux que leurs prototypes dans la nature. Sur la planche VII est donné un spécimen de son œuvre. Il est aujourd'hui l'un des principaux artistes d'Osaka, où il a beaucoup contribué à faire revivre la peinture dans cette ville commerçante.

Comme je désirais acquérir quelques connaissances sur la peinture de paysage japonaise, j'ai eu la chance d'obtenir ensuite l'enseignement du distingué Kubota Beisen , l'un des artistes les plus populaires et les plus doués de l'empire.

En compagnie de plusieurs de ses amis et anciens élèves, je lui rendis visite. Après les paroles de cérémonie habituelles , on lui a demandé s'il voudrait bien peindre quelque chose pour notre plus grand plaisir. Sans hésitation, il lui étendit une grande feuille de papier chinois (TOSHI) et quelques instants plus tard, nous vîmes un corbeau accroché aux branches d'un kaki et essayant de picorer le fruit, qui était juste un peu hors de portée. Le travail semblait celui d'un magicien. Je l'ai supplié sur-le-champ de me donner des instructions. Il y consentit et c'est ainsi qu'une connaissance et une amitié durent jusqu'à sa mort, il y a quelques années. J'ai travaillé fidèlement sous sa direction pendant cinq ans, tous les jours de la semaine, y compris le dimanche. Je ne me suis jamais fatigué; en fait, je n'ai jamais voulu m'arrêter. Chaque coup de pinceau semblait contenir de la magie. (Planche IV.) À bien des égards, il était l'un des artistes les plus intelligents que le Japon ait jamais produits. Il était à la fois auteur et peintre et a beaucoup écrit sur l'art. Au sommet de sa renommée, il tricotait désespérément en aveugle et mourait de chagrin : il ne savait plus peindre.

Alors que je vivais à Tokyo pendant plusieurs années, je peignais constamment sous la direction de deux autres artistes : Shimada Sekko , aujourd'hui distingué pour ses poissons ; et Shimada Bokusen , élève de Gaho , et connu pour ses paysages dans le style Kano ; de sorte qu'après neuf années de dévouement et de travail consacrés à la peinture japonaise, j'ai pu acquérir une assez bonne compréhension de sa théorie et de sa pratique.

Il peut paraître étrange qu'une personne non orientale s'intéresse ainsi à la peinture japonaise et y consacre autant de temps et de travail acharné ; mais le fait est que si l'on étudie sérieusement cet art, on tombe facilement sous l'emprise de sa fascination. Comme les Japonais aiment l'art sous toutes ses manifestations, l'étranger qui peint à leur manière trouve parmi eux un double accueil ; ainsi, des conditions idéales sont créées dans lesquelles l'étude de l'art peut y être poursuivie.

Ma mémoire n'enregistre rien d'autre que de la gentillesse à cet égard. Au cours de mon long séjour à Kyoto, on m'envoyait constamment pour mon plaisir et mon instruction de précieux tableaux de maîtres anciens, pour être remplacés peu de temps après par d'autres œuvres des différentes écoles. Pour une telle attention, je suis en grande partie redevable à feu M. Kumagai , l'un des citoyens et mécènes d'art les plus estimés de Kyoto. Sans multiplier les exemples de la nature généreuse des Japonais et de leur intérêt pour les efforts d'un étranger pour étudier leur art, je mentionnerai le don de l'abbé d'Ikegami de deux peintures originales de dragons, exécutées pour ce temple par Kano Tanyu . À Tokyo, ma demeure était le rendez-vous fréquent de nombreux artistes parmi les plus importants de cette ville et la peinture GASSAKU était invariablement notre principal passe-temps. Le grand poète Fukuha Bisei , aujourd'hui disparu, nous rejoignait fréquemment et à chaque tableau exécuté, il ajoutait l'embellissement de ses charmantes inspirations en vers, écrites dessus dans son inimitable écriture *kana* . Ce noble avait enseigné l'art de la poésie à LUI Mutsu Hito, à l'empereur précédent et à l'actuel prince héritier.

CHAPITRE DEUX.
L'ART AU JAPON

En abordant un bref exposé des lois de la peinture japonaise, mon intention n'est pas de prétendre que cet art est supérieur à tout autre genre de peinture ; je n'admettrai pas non plus qu'elle soit inférieure aux autres écoles de peinture. Je dirais plutôt que c'est une perte de temps de faire des comparaisons entre instituts. Rappelons seulement qu'aucune peinture japonaise ne peut être convenablement comprise, et encore moins appréciée, si l'on ne possède pas une certaine connaissance des lois qui régissent sa production. Sans cette connaissance, la critique – louant ou condamnant une œuvre d'art japonaise – n'a ni poids ni valeur.

Les peintres japonais sourient avec lassitude lorsqu'on leur apprend que les étrangers considèrent leur travail comme plat et, au mieux, simplement décoratif ; que leurs tableaux n'ont ni distance moyenne, ni perspective, et ne contiennent pas d'ombres ; en fait, que l'art de la peinture au Japon en est encore à ses balbutiements. Pour répondre à tout cela, il suffit de dire que tout ce qu'une peinture japonaise ne contient pas a été volontairement omis. Chez les artistes japonais, c'est une question de jugement et de goût quant à ce qui doit être peint et ce qu'il vaut mieux laisser de côté. Ils ne visent jamais la précision photographique ou les détails gênants. Ils peignent ce qu'ils ressentent plutôt que ce qu'ils voient, mais ils voient d'abord très clairement. C'est l'impression artistique (SHA I) qu'ils s'efforcent de perpétuer dans leur œuvre. En ce qui concerne la perspective, dans le grand traité de Chu Kaishu intitulé « The Poppy-Garden Art Conversations », ouvrage qui pose les lois fondamentales de la peinture de paysage, les artistes sont particulièrement mis en garde contre la méconnaissance du principe de perspective appelé EN KIN, c'est-à-dire ce qui est loin et ce qui est proche. Le frontispice du présent volume illustre l'habileté avec laquelle la perspective est produite dans l'art japonais (planche I).

Les artistes japonais sont de fervents amoureux de la nature ; ils observent de près ses humeurs changeantes et font évoluer toutes les lois de leur art à partir d'une étude incessante, patiente et minutieuse.

Ces lois (au total soixante-douze d'entre elles sont reconnues comme importantes) sont un livre scellé pour le non-initié. Un jour, j'ai demandé à un érudit japonais de traduire et d'expliquer certains termes artistiques dans un ouvrage sur la peinture japonaise. Il déclara franchement qu'il ne pouvait pas le faire, n'ayant jamais étudié la peinture.

Les Japonais sont inconsciemment un peuple amateur d'art. Leur éducation et leur environnement même ont tendance à les rendre ainsi. Lorsque l'enfant japonais en bas âge prend pour la première fois son petit bol de riz, une paire de petites baguettes est mise dans sa main droite. Il les saisit comme nous le ferions avec un dague. Sa mère lui montre alors comment il doit les manipuler. Il a suivi une première leçon d'utilisation du pinceau. Avec la pratique, il devient habile , et l'un de ses premiers passe-temps consiste à utiliser des baguettes pour ramasser des grains de riz et d'autres objets minuscules, ce qui n'est pas une chose facile à faire. Cela demande une grande dextérité. Il apprend insensiblement à manier la double brosse (NI HON *fude*) avec lequel un artiste va, entre autres, appliquer la couleur avec un pinceau et diluer ou estomper *(kumadori)* la couleur avec un autre, les deux pinceaux étant tenus en même temps dans la même main, mais avec des doigts différents.

A l'âge de six ans l'enfant est envoyé à l'école et on lui apprend à écrire au pinceau les signes phonétiques japonais (au nombre de quarante-sept) qui constituent le syllabaire japonais. Ces signes représentent les quarante-sept sons purs de la langue japonaise et sont utilisés pour l'écriture. Ils sont connus sous le nom de *katakana* et sont des caractères chinois simplifiés, composés de deux ou trois traits chacun. Avec eux, n'importe quel mot en japonais peut être écrit. Il faut un an à un enfant pour apprendre tous ces signes et les écrire de mémoire, mais ils constituent un excellent entraînement tant pour l'œil que pour la main.

Sa prochaine étape dans l'éducation consiste à apprendre à écrire ces mêmes sons dans une écriture différente, appelée *hiragana*. Ces caractères sont de forme cursive ou arrondie, tandis que le *katakana* sont plus ou moins carrés. L' *hiragana* sont plus gracieux et peuvent être écrits plus rapidement, mais ils sont plus compliqués.

La pratique quotidienne entraîne une formation considérable dans l'utilisation du pinceau et dans le libre mouvement du bras et du poignet droits, et l'œil apprend insensiblement les nombreuses différences entre la forme carrée et la forme cursive. Avant l' âge de huit ans, l'enfant a devenir assez habile à écrire avec le pinceau les deux sortes de *kana*.

On lui apprend ensuite les caractères chinois les plus faciles, les kanji ET les idéogrammes chinois. Ceux-ci sont très ingénieusement construits et revêtent une grande importance pour le perfectionnement de l'œil et de la main.

Ces formes écrites merveilleusement conçues font tellement appel au sens artistique qu'un goût pour elles ainsi acquis si tôt conduit de nombreux érudits japonais à consacrer toute leur vie à leur étude et à leur culture. Ces écrivains deviennent des professionnels et sont appelés SHOKA . Le plus célèbre de toute la Chine était probablement Ogishi . Le Japon a produit de nombreux hommes célèbres, mais aucun n'est plus grand qu'Iwaya . Ichi Roku, qui a laissé un nom immortel.

D'après ce qui a été dit sur l'écriture avec le pinceau, on comprendra que les jeunes qui peuvent décider de faire carrière dans l'art sont déjà bien préparés à des progrès rapides dans ce domaine. Sa main et son bras ont acquis une grande liberté de mouvement. Son œil a été entraîné à observer les différentes lignes et subtilités des traits et des caractères, et ses sentiments d'équilibre, de proportion, d'accent et d'ordre des traits ont été insensiblement développés selon des principes subtils, tous visant des résultats artistiques.

La connaissance des caractères chinois et leur capacité à les écrire correctement sont considérées comme primordiales dans l'art japonais. La première chose que Kubota Beisen m'a donnée a été de commencer ce conseil , et il m'a personnellement présenté à Ichiroku qui, à partir de ce moment-là, a gentiment supervisé mes nombreuses années de travail dans l'écriture chinoise, une quête vraiment captivante et captivante.

Dans toutes les écoles japonaises, les rudiments de l'art sont enseignés et les enfants sont formés à percevoir, ressentir et apprécier ce qu'il y a de beau dans la nature. Il n'y a pas de ville, de village ou de hameau dans tout le Japon qui ne contienne ses plantations de fleurs de pruniers et de cerisiers au printemps, ses pivoines et ses étangs de lotus en été, ses chrysanthèmes en automne et ses camélias, roses de montagne et baies rouges en hiver. Les écoliers sont amenés à maintes reprises à les voir et à s'en réjouir. Cela fait partie de leur éducation. Des excursions, appelées UNDOKAI , sont organisées à intervalles réguliers pendant le trimestre scolaire et les élèves se promènent gaiement dans des régions éloignées du pays, chantant des chants patriotiques et autres tout en profitant de la vue sur les cascades, les rivières larges et sinueuses, les érables d'automne ou la neige. -montagnes coiffées. En plus de cela, des excursions sont organisées dans tous les temples et lieux historiques célèbres, y compris, à proximité, les trois superbes vues du Japon : Matsushima, Ama No Hashi Date et Myajima . Ainsi le goût du paysage s'inculque et devient une seconde nature. En outre, les érudits sont encouragés à observer de près toute forme de vie, y compris les papillons, les grillons, les coléoptères, les oiseaux, les poissons rouges, les coquillages, etc. et j'ai vu des jardins paysagers miniatures réalisés par des enfants japonais, reproduisant très intelligemment des vues charmantes et contenus dans une boîte ou un plateau peu profond. Ce petit art doux s'appelle BONSAÏ ou *hako Niwa* .

La Cérémonie du Thé, par Miss Uyemura Ferré . Planche II.

Mon but en faisant allusion à tout cela est d'indiquer qu'un garçon qui sort de l'école a déjà absorbé une grande partie de l'éducation artistique et est assez bien équipé pour commencer un cours spécial dans les écoles d'art de l'empire.

Ces écoles diffèrent par leurs méthodes d'enseignement et de nombreux changements y ont été introduits sous le règne actuel, ou période Meiji, mais le cours dure essentiellement de trois à quatre ans et englobe la copie (ISHA *mitori*), traçage (MOSHA , *tsuki-utsushi*) , réduisant (SHUKUZU , *chijime-ru*) et composer (SHIKO, *Tsukuri Kata).*

Lors de la copie, l'enseignant peint généralement d'abord le sujet particulier et l'élève le reproduit sous sa supervision. La méthode invariable de Kubota était de demander à l'élève, le lendemain, de reproduire de mémoire (AN KI) le sujet ainsi copié. Cela donne confiance. En calque, du papier fin est placé sur l'image et les contours (RIN KAKU) sont tracés selon l' *ordre exact* dans lequel le sujet initial a été exécuté, ordre qui est établi par la règle ; ainsi un style et une habitude de pinceau appropriés sont acquis. L'ordre correct des lignes et des parties d'un tableau est de la plus haute importance pour son effet artistique.

En réduisant la taille de ce qui est étudié, les lois des proportions sont insensiblement apprises. Ceci est d'une grande utilité par la suite pour le dessin (SHASSEI). Je crois que dans l'habitude de reproduire, telle qu'elle est enseignée dans les écoles, réside le secret de l'extraordinaire talent de l'artisan japonais qui peut produire des effets merveilleux en compressant des paysages et d'autres sujets dans les plus petites dimensions tout en préservant les proportions et l'équilibre corrects. . Rien ne peut exceller dans la réduction magistrale du travail paysager miniature du célèbre Kaneiye , comme le montrent ses inestimables gardes d'épée *(tsuba)*.

Le dessin arrive plus tard dans le cours et n'est enseigné qu'après avoir acquis des connaissances dans les trois autres départements. Il embrasse tout ce qui se trouve à l'intérieur et à l'extérieur des portes - tout ce qui a une forme dans l'univers entre dans le carnet de croquis de l'artiste (KEN KON *non uchi* NON SHO *Arumono Mina* AMUSANT _ *to nasu*) — *et* fait partie du cours de composition, destiné à développer les facultés imaginatives (SOZO) . Kubota était si habile à dessiner que, lors de voyages rapides à travers un pays, il pouvait reproduire fidèlement les traits saillants d'un paysage étendu, conformément à la règle générale du dessin, selon laquelle ce qui attire d'abord l'œil doit être peint en premier, tout le reste devenant subordonné à dans le schéma. Encore une fois, il pouvait peindre le décor et les personnages de n'importe quelle chanson historique *(joruri)* telle qu'elle lui était chantée, reproduisant tout ce qui y était décrit et terminant son travail au rythme exact avec la dernière mesure de la musique. Son bras et son poignet étaient si libres et flexibles que sa brosse sautillait avec la vitesse d'une libellule. En tant que peintre désinvolte (SEKIJO), ou en tant que contributeur à un tableau impromptu auquel plusieurs artistes participeront à leur tour , une telle composition conjointe étant connue sous le nom de GASSAKU , Kubota était *un princeps facile* parmi les artistes japonais modernes. Les peintres de Kyoto ont toujours été les plus doués dans ce genre de réalisation. À leur époque, Watanabe Nangaku , élève d' Okyo , Bairei et Hyakunen , tous de Kyoto, étaient célèbres comme peintres SEKIJO .

L'étudiant en art ayant terminé ses études est désormais qualifié pour s'attacher à certains des grands artistes, dans la maison desquels il sera admis et dont il devient désormais *le deshi ou disciple d'art.* La relation entre un tel maître (SENSEI) et son élève *(deshi)* est la plus aimable qu'on puisse imaginer. En effet, *deshi* est un très beau mot, signifiant un jeune frère, et a été appliqué pour la première fois aux disciples bouddhistes de Shakka . Le maître le traite comme un membre de sa famille et l'élève vénère le maître comme sa divinité. Il n'existe nulle part une plus grande considération et une plus grande affection mutuelle et de nombreux élèves restent plus ou moins attachés à la maison du maître jusqu'à sa mort. Au plus fidèle et au plus habile d'entre eux, le maître confère ou lègue son nom ou une partie de celui-ci, ou son nom de plume (GO) ; et c'est ainsi que les célèbres écoles (RYUGI ou HA ou FU) de la peinture japonaise se sont formées et perpétuées, à commencer par Kanaoka , Tosa , Kano et Okyo , et transmises à la postérité grâce à des efforts dévoués, et je pourrais dire sacrés. de leurs élèves, pour préserver les méthodes et les traditions de ces grands hommes. Les élèves des premiers peintres prirent le nom de famille de leur maître, ce qui explique tant de Tosas et de Kanos.

Les grands peintres ont toujours été tenus en haute estime au Japon, non seulement par leurs élèves, mais aussi par la nation tout entière. Chikudo , l'éminent peintre de tigres, Bairei , l'un des plus célèbres de l' école SHIJO HA ou Maruyama, Hashimoto Gaho , élève de Kano Massano et l'un des principaux représentants du style Kano (Kano HA), et Katei, un artiste Nangwa , tous ceux récemment décédés ont été glorifiés de leur vivant. Étrange à dire, personne n'a jamais vu Gaho avec un pinceau à la main. Il ne peindrait jamais devant ses élèves ni en présence de qui que ce soit. Ses instructions étaient orales. D'un autre côté, Kubota Beisen était toujours à son meilleur lorsqu'il peignait devant des foules d'admirateurs.

Avant la période Meiji, les grands peintres attachés à la maison d'un Daimyo s'appelaient *O Eshi*. Les peintres qui vendaient leurs tableaux étaient appelés *E kaki*. Désormais, tous les peintres sont appelés GWA KA. Les graveurs, sculpteurs, imprimeurs et autres étaient et sont toujours appelés SHOKUNIN , c'est-à-dire artisans. Le terme global « beaux-arts » (BIJUTSU) est de création assez récente au Japon.

Pour dire quelques mots sur les différentes écoles de peinture au Japon, il y avait de grands artistes là-bas, bien des siècles avant que l'Italie ne produise Michel-Ange ou Raphaël. L'art de la peinture a commencé il y a plus de mille cinq cents ans et s'est poursuivi de manière ininterrompue depuis cette époque reculée jusqu'à la quarante-quatrième année de Meiji, le règne de l'empereur actuel. Aucun autre pays du monde civilisé ne peut produire un tel palmarès artistique. Mille ans avant la découverte de l'Amérique, cinq cents ans avant que l'Angleterre n'ait un nom, et bien avant que la civilisation n'ait un sens en Europe, il y avait au Japon des artistes qui exerçaient le métier de peintre avec la même ardeur et la même intelligence dont ils sont aujourd'hui dotés. leur art en ce vingtième siècle de notre époque.

Lorsque le bouddhisme y fut introduit au VIe siècle, une grande école d'artistes bouddhistes commença sa longue carrière. Parmi les noms qui ressortent de la nuit des temps, celui de Kudara no Kawanari , originaire de Corée .

Au IXe siècle vivait le célèbre Kose Kanaoka . Il peint dans ce qu'on appelle le pur style japonais, *Yamato E, Yamato* est le premier nom sous lequel le Japon a été désigné. Il peint des portraits et des paysages, et son école, très suivie, dura cinq siècles. Kose Kimi Mochi, son disciple Kimitada et Hirotaka étaient d'éminents disciples de Kanaoka .

L' école Tosa est venue ensuite, en commençant par Tosa Motomitsu, suivie de Mitsunaga , Nobuzane et Mitsunobu . Cela remonte à la période du shogunat de Kamakura, il y a huit cents ans. Ses artistes se limitaient principalement à peindre des scènes de cour, des nobles de cour et les diverses cérémonies de la vie de cour. Cette école utilise toujours la couleur dans ses peintures.

Après Tosa vinrent les écoles de Sumiyoshi, Takuma, Kassuga et Sesshu . Sesshu était un génie aux proportions imposantes et un artiste infatigable du plus haut rang en tant que peintre paysagiste. Il avait un élève célèbre nommé Session .

Après Sesshu, vint la célèbre école des artistes Kano, fondée au XVIe siècle par Kano Masanobu. Il a capturé le Japon. Il a connu une popularité et un succès considérables et s'est transmis jusqu'à nos jours grâce à une succession de grands peintres. Il y avait deux branches, une à Edo (Tokyo), qui comprenait Kano Masanobu, Motonobu , son fils, Eitoku , l'élève de Motonobu , et plus tard, Tanyu (Morinobu) Tanshin , son élève, Koetsu , Naonobu , Tsunenobu , Morikage , Itcho et enfin Hashimoto Gaho , son dernier représentant distingué, récemment décédé. L'autre branche, connue sous le nom de Kyoto Kano, comprenait les célèbres San Raku, Eino , San Setsu et d'autres. Selon certains critiques, San Raku est placé à la tête de tous les artistes Kano.

Les peintres de Kano sont remarquables par l'audace et la force vivante du coup de pinceau *(fude no chicara* ou *fude no ikioi)* , ainsi que par l'éclat *(tsuya)* et les nuances du *sumi*. Ce dernier effet – le jeu d'ombre et de lumière dans le trait, considéré presque comme un don divin – est appelé BOKUSHOKU ET rappelle quelque peu le terme *clair-obscur.* L'éventail des sujets des peintres de Kano se limitait à l'origine aux paysages chinois classiques, traités avec simplicité et raffinement, et aux personnages, sages et philosophes chinois ; la couleur était utilisée avec parcimonie.

D'autres écoles, plus ou moins dérivées du style de peinture Kano (RYU) , vinrent ensuite, par exemple Korin et son imitateur, Hoitsu , le DAIMYO de Sakai, dont on disait qu'il utilisait de la poudre d'or et des pierres précieuses dans ses pigments. Korin n'a jamais eu son égal en tant que peintre sur laque. On dit que son œuvre est *le regal des délicats* .

Un autre disciple de l'école de Kano, et élève de Yutei , fut Maruyama Okyo , qui fonda à son tour une école d'art qui est aujourd'hui la plus répandue et la plus florissante au Japon. Maruyama, et non Okyo , était le nom de famille de cet artiste. Le nom Okyo est né ainsi : Maruyama, admiratif d'un peintre ancien nommé Shun Kyo , a pris la seconde moitié de ce nom, Kyo , et en lui préfixant un « O » , il en a fait Okyo , qu'il a ensuite adopté. Son style s'appelle SHI JO FU, SHI JO étant le nom de la partie de Kyoto où il résidait, et FU signifiant style ou manière, et sa caractéristique est la fidélité artistique aux objets représentés. Certains l'appellent l'école réaliste et comprennent des noms bien connus tels que Goshun , élève de Busson , Sosen , le grand peintre de singes, Tessan . (Planche III.) et son fils, Morikwansai , Bairei , Chi-kudo, le peintre de tigres, Hyakunen et ses trois élèves, Keinen , Shonen et Beisen , Kawabata Gyokusho , Torei , Shoen et Takeuchi Seiho .

Il existe encore d'autres écoles (RYUGI) qu'on pourrait citer, dont celle des NANGWA , ou peintres chinois du sud, d'origine chinoise et remarquables par la grâce du coup de pinceau, l'efficacité du traitement des masses et par les jeux de lumière et de lumière. ombre dans toute la composition. Parmi les grands peintres NANGWA FIGURENT Taigado , Chikuden , Baietsu (Planche VIII) et Katei. A cette école se réfère un style de peinture affecté exclusivement par les écrivains professionnels de caractères chinois, et appelé BUNJINGWA . J'y ferai allusion plus loin. L'artiste polyvalente, Tani Buncho , créa une école qui comptait de nombreux adeptes, parmi lesquels le distingué Watanabe Kwazan et Eiko de Tokyo, récemment décédé, l'un de ses meilleurs représentants.

L'art de la peinture est actuellement pratiqué avec enthousiasme à Kyoto, Tokyo, Nagoya et Osaka. À Tokyo, Hashi Moto Gaho était généralement reconnu comme étant, jusqu'à sa mort en 1908, le plus grand artiste du Japon. Bien qu'appartenant à l'école de Kano, il admirait beaucoup l'art européen et le traitement de la figure humaine dans certaines de ses dernières peintures rappelle la manière des premiers artistes flamands.

Ma première rencontre avec Gaho a eu lieu chez lui. En l'attendant, j'ai observé suspendu dans le *tokonoma,* ou alcôve, un petit *kakemono étroit* de Kano Moto Nobu, représentant un vieil homme sur un âne traversant un pont. Un petit vase en bronze contenant une seule fleur était le seul ornement de la pièce. Cela a donné la note dominante au caractère de Gaho : la simplicité classique, toujours reflétée dans son travail. Il avait de nombreux adeptes. Sa méthode d'enseignement auprès des élèves avancés consistait à leur donner des matières telles que « Un jour au printemps », "Solitude," « Un matin d'automne », ou quelque chose de similaire, et il a insisté sur le fait que tous les éléments essentiels au bon effet soient introduits. Ses critiques étaient toujours lumineuses et sympathiques. Il conseillait à ses étudiants de copier tout ce qui est bon, mais de n'imiter personne, de développer leur

individualité. Il laisse trois élèves très distingués et compétents : Gyokudo ,
Kan Zan et Boku Sen.

Poulets au printemps, par Mori Tessan . Planche III.

Depuis la mort de Gaho , Kawabata Gyokusho , artiste Okyo , est le leader
reconnu de la capitale. A Kyoto, Takeuchi Seiho , un des premiers élèves de
Bairei , occupe désormais la première place, même si Shonen et Keinen ,
élèves de Hyakunen , occupent toujours un rang élevé.

Revenant à l'époque de Tosa , il existe une autre école née sous Matahei et
perpétuée à travers de nombreuses générations d'artistes populaires, dont
Utamaro, Yeisen et Hokusai, jusqu'à nos jours. C'est l' école *Ukiyo e* ou école
d'images du monde flottant. Il est bien plus connu par ses gravures que par
ses peintures. Les grands peintres du Japon n'ont jamais tenu en faveur cette
école. À un moment ou à un autre, j'ai visité presque tous les ateliers d'artistes
distingués du Japon et je connais personnellement la plupart des artistes les
plus importants de ce pays. Je n'ai jamais vu d'estampe japonaise en leur
possession, et je connais leurs sentiments à l'égard de tous ces travaux. Une
estampe est une production sans vie, et il serait tout à fait impossible pour
un artiste japonais de prendre sérieusement en considération les estampes.
Ils n'ont pas un rang plus élevé que les décors en velours coupé ou les
paravents brodés. Je suis conscient que ces estampes jouissent d'une grande
faveur auprès de nombreux amateurs et que les collectionneurs les apprécient
grandement ; mais ils n'illustrent pas l'art au sens où les Japonais entendent
ce terme. Il faut cependant admettre que ces gravures ont été utiles à plusieurs
égards . Ils ont d'abord attiré l'attention du monde sur l'art japonais en
général. Depuis leur exposition à Londres il y a un demi-siècle, les estampes

d' Ukiyo ou sujets de genre sont rapidement devenues populaires et ont depuis suscité l'attention et l'admiration des collectionneurs d'Europe et d'Amérique. Beaucoup de gens ont même l'impression que les gravures représentent la peinture japonaise, ce qui est bien sûr une grave erreur. Il y a eu des artistes au Japon qui, à la manière de l' *Ukiyo e* , ont peint *des kakemono* , DES BYOBU et *des makimono* . Le mot *kakémono* s'applique à une peinture sur soie ou sur papier, enroulée sur un rouleau de bois, déroulée et accrochée pour être vue. *Kakeru* signifie suspendre et *mono* signifie un objet, d'où *kakemono* , un objet suspendu. BYOBU signifie coupe-vent ou écran ; *makimono* , qui signifie chose blessée, est une peinture en forme de rouleau qui n'est pas suspendue, mais simplement déroulée pour être inspectée. Une telle œuvre originale de Matahei et d'autres existe. Mais la plupart des *Ukiyo e* , ou images de style populaire, sont des estampes frappées à partir de blocs de bois et sont la production conjointe de l'artiste, du graveur sur bois, de l'étaleur de couleurs et de l'imprimeur, qui ont tous contribué et sont plus ou moins connus. moins en droit d'être crédité pour le résultat ; et c'est l'une des raisons pour lesquelles le monde des artistes japonais s'y oppose ou les ignore ; ils ne sont pas la production spontanée, vivante et palpitante du pinceau de l'artiste. Il est bien connu que les artistes de l' école *Ukiyo e* indiquaient souvent uniquement par des instructions écrites comment les dessins de leurs estampes devaient être coloriés, laissant le détail de ce travail au responsable de l'application des couleurs. Outre le fait que les couleurs employées étaient les moins chères du marché et qu'elles sont souvent mal appliquées, il y a trop de choses dans les impressions qui sont mesurées, mécaniques et calculées pour satisfaire l'art japonais dans son sens le plus élevé. Souvent, plus d'un graveur était employé sur une seule impression. Les graveurs avaient leurs spécialités ; certains étaient engagés pour la coiffure *(mage)*, d'autres pour les lignes du visage, d'autres pour la robe *(kimono),* d'autres encore pour le motif (MOYO) , et cetera. Les graveurs les plus habiles d' Edo étaient appelés *kashira. bori* et étaient toujours employés sur les estampes d'Utamaro et de Hokusai. La plupart des couleurs de ces estampes, dans leurs nuances douces et neutres, sont vantées avec enthousiasme par les connaisseurs étrangers comme preuve du goût merveilleux du peintre japonais. Mais en réalité, c'est au temps, plus qu'à l'art, qu'il faut attribuer l'atténuation de ces teintes pour les ramener à leurs teintes délicates actuelles. À cet égard, comme les tapis persans, ils s'améliorent avec l'âge et l'exposition. Une objection supplémentaire à la plupart des gravures est qu'elles reproduisent des événements triviaux, ordinaires et quotidiens de la vie de la masse populaire au fur et à mesure de son évolution. Ils sont plus ou moins plébéiens. Les estampes étant destinées à la vente au grand public, leurs sujets, aussi habilement traités soient-ils, devaient être banals. Ils n'étaient pas achetés par la noblesse ou les classes supérieures. Les soldats, les agriculteurs et d'autres les achetaient comme cadeaux (*miage*) pour leurs femmes et leurs enfants, et ils étaient généralement vendus pour un sou pièce, de sorte qu'au Japon, les estampes étaient un substitut bon marché à l'art auprès des classes inférieures, tout comme Raspail dit l'ail. a toujours été le camphre des pauvres en France. La pratique consistant à publier des tirages *Ukiyo e* à des prix très bas se poursuit encore à Tokyo, où chaque semaine ou deux de ces publications en couleur apparaissent devant les stands de livres et sont toujours achetées avec autant d'empressement par les gens ordinaires qu'à l'époque de Tokugawa. .

Les prix que rapportent aujourd'hui les tirages anciens sont hors de proportion avec leur valeur intrinsèque, mais l'engouement pour les acquérir est tel que le Japon est presque vidé de ses réserves, le nombre des tirages des meilleurs types étant limité, comme celui-là. des violons de Crémone des bons facteurs.

Les tirages sont de véritables originaux d'un premier numéro ou d'un numéro ultérieur, appelés respectivement SHO HAN et SAI HAN , soit ce sont des reproductions plus ou moins astucieusement copiées sur de nouveaux blocs, soit ce sont des imitations frauduleuses (GANBUTSU) des éditions originales, souvent difficiles à détecter. Les trous de ver eux-mêmes y sont brûlés avec DU SENKO ou des bâtons de parfum et des ouvriers intelligents sont employés pour faire de telles supercheries et d'autres succès. Un long chapitre pourrait être écrit sur leurs stratagèmes malhonnêtes. Les copies d'estampes authentiques (HON KOKU), réalisées à partir de blocs neufs à la manière des anciens, abondent et n'étaient pas destinées à passer pour des originaux. Yedo , où se déroulait principalement l'industrie de l'imprimerie, a connu tellement d'incendies destructeurs que la plupart des anciens blocs *Ukiyo e* ont été détruits. A Nagoya, la maison To Heki Do conserve encore les blocs originaux des MANGWA ou divers dessins de Hokusai , mais ils sont très usés. Les estampes sont connues sous différents noms, tels que *ezoshi* (illustrations), *nishiki e* , *edo e* (images Yedo), *sunmono* et INSATSU . Il peut être intéressant de savoir que les blocs d'impression, lorsqu'ils sont usés au point de ne plus pouvoir être utilisés pour les impressions, sont parfois transformés en foyers (hibachï) et en plateaux à tabac (tobacco bon) qui, lorsqu'ils sont hautement polis , sont *décoratifs* et unique.

Les gravures ont peut-être été utiles pour enregistrer les mœurs et les coutumes des gens des périodes où elles ont été radiées. Elles montrent non seulement les styles dominants de vêtements et de coiffures, mais aussi les activités et les divertissements des gens ordinaires. Ils sont d'excellents dépositaires des modèles vestimentaires (MOYO) ou de la décoration, sur lesquels le Japon a toujours fait autorité. Au début de la période Meiji, les peintres d'estampes déléguaient fréquemment ce travail de motifs minutieux à leurs meilleurs élèves, dont les sceaux (IN) se retrouveront sur les estampes ainsi élaborées. Les estampes préservent les modes dominantes de différentes périodes en matière de peignes et autres ornements de cheveux, d'éventails, de chaussures, d'écrans simples et multiples, de foyers et autres ornements et ustensiles ménagers. Ils fournissent également des spécimens d'architecture de temples et de maisons, des plans de jardins, des compositions florales *(ike bana)*, bambous, brindilles et autres clôtures. Encore une fois, ils reproduisent la scène, avec ses célèbres acteurs de drames historiques ; des scènes de bataille, avec des guerriers et des héros ; des personnages du folklore et d'autres histoires, et des matchs de lutte avec les champions populaires ; et nous trouverons souvent au recto des imprimés de bonnes reproductions d'écritures chinoises et japonaises, dans des poèmes et des pièces en prose descriptive. Hokusai a illustré une grande partie de la poésie classique de la Chine et du Japon, ainsi que le SENJIMON , ou classique chinois aux mille caractères, une œuvre autrefois universellement enseignée dans les écoles japonaises. Les personnages originaux de cette remarquable compilation sont tirés des écrits d' Ogishi . Les estampes ont contribué à enseigner l'histoire élémentaire aux jeunes ; les connaissances des enfants japonais dans ce domaine sont souvent remarquables et peuvent être attribuées à l'influence pédagogique des publications *Ukiyo e* .

donc certainement de bons mots à dire sur les estampes, mais elles ne constituent pas l'art japonais dans son meilleur sens du terme, aussi intéressant qu'il soit en tant que phase subordonnée, et elles ne constituent en aucun cas de la peinture japonaise.

Si l'on se limitait au choix d'un seul artiste de l' école *Ukiyo e* , on ne ferait aucune erreur, je pense, en choisissant Hiroshige, dont les paysages reproduisent fidèlement le sentiment du paysage japonais, bien que les gravures portant son nom soient loin de reproduire le sentiment de cet artiste. schémas de couleurs. La réputation de Hokusai auprès des étrangers est plus grande que celle d'Hiroshige, mais les artistes japonais ne prennent pas Hokusai au sérieux. Ses tableaux, déclarent-ils, reflètent l'inquiétude de son caractère ; ses sommets du Fuji ne sont que trop pointus et ses manières sont généralement exagérées et théâtrales. Les femmes d'Utamaro du Yoshiwara sont certainement des études minutieuses dans le dessin au trait gracieux, aussi correct que les draperies grecques en marbre.

Je étais un Matahei , le fondateur de l'école populaire, était l'élève de Mitsunori , artiste de Kyoto et disciple de Tosa . Matahei n'aimait pas les sujets Tosa et préférait décrire les usages éphémères des gens, c'est pourquoi il fut surnommé Fleeting World ou *Ukiyo*. Matahei , d'où le nom *Ukiyo e* ou images de la vie quotidienne. Il n'existe pas de véritables gravures Matahei . Il remonte au XVIIe siècle. Les visages de profil dans les sérigraphies originales de lui ont un visage assyrien, l'œil étant peint comme s'il était vu de face.

Hishikawa Moronobu était son disciple et admirateur. C'était un artiste de Yedo . Nishikawa Sukenobu appartenait à l'école de Kano et était l'élève de Kano Eiko . Il adopte le style *Ukiyo e* et représente les passe-temps des femmes et les portraits d'acteurs. Il a vécu il y a deux cent vingt ans et, à son époque, les estampes sont devenues très à la mode. Torii Kyonobu a peint des femmes et des acteurs et a inventé le genre de puissances théâtrales figurées qui sont encore à la mode, placardées à l'entrée des théâtres et montrant des incidents frappants dans la pièce.

Suzuki Harunobu n'a jamais peint d'acteurs, préférant reproduire les beautés féminines de son époque. C'est à son travail soigné que fut pour la première fois appliqué le terme *nishiki e* ou images de brocart, en raison du charme de sa manière décorative. Il a vécu il y a cent trente ans.

Parmi les nombreux écrivains étrangers compétents dans le domaine des estampes japonaises, Fenollosa occupe une place importante. Il a résidé longtemps au Japon, a compris et parlé la langue et a vécu la vie du peuple. Il éprouvait une grande sympathie pour eux et pour leur art et bénéficiait d'opportunités exceptionnelles pour voir et étudier les meilleurs trésors de ce pays. S'il avait possédé la formation nécessaire pour peindre dans le style japonais, je ne pense pas qu'il aurait consacré autant de temps aux gravures sur bois japonaises. En me rendant visite à Kyoto, où j'étais occupé à peindre, "Ah!" s'écria-t-il, c'est ce que j'ai toujours désiré faire. Tôt ou tard , je suivrai votre exemple. Mais il ne l'a jamais fait. Au lieu de cela, il publia un vaste ouvrage sur les estampes japonaises. Sa mort fut une véritable perte pour la littérature artistique japonaise. Pendant huit ans, il fut au service du gouvernement japonais, fouillant, cataloguant et photographiant les innombrables trésors d'art, peintures, *kakemono* , *makimono* et BYOBU (images, rouleaux et écrans), que l'on trouve dans les divers temples et monastères bouddhistes et autres. dispersés dans tout l'empire. La dernière fois que nous nous sommes rencontrés, il a fait la remarque suivante : « Comment peut-on volontairement quitter cette terre de lumière ? Le Japon, à mon avis, représente tout ce qu'il y a de beau dans la nature et de vrai dans l'art ; "Ici, j'espère passer les dernières années de ma vie." Tel était son véritable enthousiasme, enrichi par une longue connaissance de l'art et de tout ce qui est beau dans ce pays. Le Japon impressionne ainsi tous ceux qui le visitent dans de bonnes conditions, mais malheureusement le voyageur ordinaire, pressé par le temps et dont la connaissance se limite aux guides professionnels, ne va jamais bien au-delà des curiosités, des magasins et des marchands de curiosités.

Scène de neige à Kaga , par Kubota Beisen . Planche IV.

La question est souvent posée : « Existe-t-il un bon livre sur la peinture japonaise ? » Je n'en connais aucun dans aucune langue sauf le japonais. Parmi les meilleurs ouvrages sur le sujet figurent les suivants :

Une histoire de la peinture japonaise (HON CHO GASHI), de Kano Eno.

Un volume au trésor (BAMPO ZEN SHO), de Ki Moto Ka Ho.

La référence pratique du peintre (GOKO BEN RAN), par Arai Haku Seki.

Une collection de peintures japonaises célèbres (KO CHO MEIGA SHU E), de Hiyama Gi Shin.

Idées sur le design dans la peinture (TO GA KO) , par Saito Heko Maro .

Un discours sur la peinture japonaise (HONCHO GWA SAN), de Tani Bouquet .

Réflexions importantes sur toutes sortes de peinture (GWA JO YO RYAKU), d'Arai Kayo.

Un traité sur les peintures japonaises célèbres (FU SO MEI GWA DEN), par Hori Nao Kaku.

Observations sur des images anciennes (KO GWA BI KO) , par Asa Oka Kotei .

Un traité sur les peintres célèbres (FU SO GWA JIN), de Ko Shitsu Ryo Chu.

Un traité sur la peinture japonaise (YAMATO NISHIKI KEM BUN SHO), par Kuro Kama Shun Son.

Un Traité sur les lois de la peinture (GWAFU), par Ran Sai, élève de Chinanpin . L'ouvrage est volumineux et est à la fois d'une grande utilité et d'une grande autorité.

CHO CHU GWA FU, par Chiku To.

POULE SHA ZAN GAKUGWA , par Buncho .

Les traductions de tous ces ouvrages en anglais sont grandement souhaitées.

Il y a beaucoup de choses qui ont été écrites et publiées avec sympathie sur la peinture japonaise en Europe et en Amérique, mais aussi élogieuses soient-elles, elles pourraient toutes être résumées sous le titre « Impressions d'un étranger ». De tels écrits n'ont pas l' autorité que seul un travail constant dans le domaine de l'art pratique peut conférer. Un artiste japonais, j'entends par là un peintre, est long à faire. De dix à quinze années d'études et d'applications continues sont nécessaires avant d'acquérir de grandes compétences. Au cours de cette période , il absorbe progressivement la connaissance des nombreux principes, préceptes, maximes et méthodes qui, ensemble, constituent le corpus ou corps de doctrine artistique transmis depuis une antiquité lointaine et préservé soit dans des livres, soit perpétué par la tradition. A cela s'ajoutent d'innombrables secrets d'art appelés *hiji* ou *himitsu* , jamais publiés, mais transmis oralement par les maîtres à leurs élèves — non pas des secrets au sens rusé, mais des méthodes d'exécution découvertes après de laborieux efforts et conservées comme des biens précieux. Il est donc évident combien est incapable d'écrire techniquement sur le sujet quiconque n'a pas suivi un tel programme et n'a pas inculqué toute cette instruction variée qui constitue le corps des règles applicables à cet art.

J'ai lu de nombreuses appréciations sérieusement écrites de peintures japonaises publiées dans diverses langues modernes, et même quelques imaginations aimables écrites pour les étrangers par des Japonais qui croient savoir par instinct ce qui ne peut être acquis qu'après une longue étude et une longue pratique, le pinceau à la main. Tous ces écrivains sont caractérisés au Japon par un terme très poli, *shiroto* , qui signifie amateur. Il a aussi une signification secondaire de vide.

CHAPITRE TROIS.
LOIS POUR L'UTILISATION DES BROSSES ET DES MATÉRIAUX

Sur un sujet aussi technique que celui de la peinture japonaise, s'efforcer de transmettre des informations correctes d'une manière à la fois instructive et divertissante n'est pas une mince affaire. Les règles et canons de tout art, lorsqu'ils sont énumérés, classés et expliqués, s'avéreront probablement une lecture éprouvante, voire fastidieuse. Pourtant, si notre objectif est d'acquérir une connaissance précise, nous devons consentir à faire certains sacrifices pour y parvenir, et il n'y a pas de voie royale pour connaître la peinture japonaise.

Nous avons peu ou pas d'occasion en Amérique, sauf dans une ou deux villes, de voir de bons spécimens de l'œuvre des grands peintres du Japon. De plus, de telles œuvres sous forme *de kakémono* sont considérées comme très désavantagées lorsqu'elles sont exposées en grand nombre sur les murs d'un musée. *Les kakémono* japonais (peintures suspendues) sont mieux vus seuls, suspendus dans le renfoncement du *tokonoma,* ou alcôve. Une certaine retraite est essentielle pour jouir de leurs effets délicats et subtils ; l'environnement doit suggérer le loisir et le repos, ce que décrit bien le mot japonais *shidzuka , souvent employé dans le langage artistique.*

La technique japonaise, par laquelle j'entends la manière établie dont leurs effets en peinture sont produits, diffère considérablement de celle de l'art européen. Les pinceaux japonais *(Jude* et *merlu),* les couleurs et les matières influencent largement la méthode de peinture. Les canons ou normes selon lesquels l'art japonais doit être jugé sont assez spécifiques au Japon et sont à peine compris en dehors de ce pays. Le sujet étant technique, le traiter de manière populaire, c'est risquer d'omettre beaucoup de choses essentielles. Je m'efforcerai en tout cas d'en esquisser les principes fondamentaux, en disant d'abord un mot ou deux sur les outils et les matériaux.

Dans la peinture japonaise, aucune huile n'est utilisée. *Le sumi* (une couleur noire sous forme de gâteau) et l'aquarelle sont utilisés uniquement, tandis que le papier chinois et japonais et la soie spécialement préparée remplacent la toile ou tout autre matériau.

Les artistes japonais ne peignent pas sur des chevalets ; pendant qu'ils travaillent, ils s'assoient sur les talons et les genoux, le papier ou la soie étant étalé devant eux sur un tissu doux, appelé *mosen ,* qui repose sur le tapis ou le revêtement de sol. Une fois habitué à cette position, on constate qu'elle donne, entre autres choses, un usage très libre du bras et du poignet droits.

La soie *(e ginu)* est préparée pour la peinture en la fixant d'abord avec du mucilage de riz bouilli sur un cadre tendu. Une taille d'alun et de colle légère (appelée *dosa*) est ensuite appliqué en prenant soin de ne pas mouiller les bords de la soie attachés au cadre, ce qui détacherait la soie.

Il a été constaté que le papier dure beaucoup plus longtemps que la soie et peut également être plus facilement restauré lorsqu'il est craquelé avec le temps.

Les artistes de l' école Tosa utilisaient un papier de diverses sortes appelé *tori no ko*, dans la composition duquel entraient des coquilles d'œufs. Ce papier était un produit spécial d' Ichi Zen.

Les artistes de Kano utilisaient à la fois *du tori no ko* et un papier fabriqué à partir du mûrier, également un produit du Ichi Zen, et connu sous le nom de *hosho* . Pour le traçage ordinaire, un papier appelé TENGU JO est utilisé. À l'époque d'Okyo , le papier chinois fabriqué à partir de feuilles de riz était devenu à la mode. Il est fabriqué en grandes feuilles et s'appelle TOSHI . C'est une couleur paille clair, très sensible au coup de pinceau, sauf lorsqu'il « prend froid », comme disent les Japonais. Il doit être conservé dans un endroit sec.

Les artistes Tosa utilisaient le papier presque à l'exclusion de la soie. L'école de Kano utilisait largement la soie pour ses peintures. Okyo peint aussi généralement sur soie.

Les artistes japonais présentent rarement leur travail. Dans la peinture sur soie, une esquisse en *sumi* est parfois placée sous la soie à titre indicatif. Le tracé sur papier se fait avec des brindilles droites de fusain de saule, appelées *yaki sumi,* facilement effacées en les brossant avec une plume.

Il existe des lois strictes et une fois comprises, raisonnables et utiles pour l'utilisation de la brosse. (YOHITSU), l'utilisation du *sumi* (YOBOKU) et l'utilisation d'aquarelles (SESSHOKU). Ces lois s'étendent de ce qui semble être simplement la mécanique de la peinture jusqu'à l'éthique la plus élevée de l'art japonais.

La loi de TOI LE HITSU nécessite un maniement libre et habile du pinceau, toujours avec une attention stricte au trait, qu'il s'agisse d'un point, d'une ligne ou d'une masse ; le pinceau ne doit pas toucher la soie ou le papier avant que la réflexion n'ait déterminé ce que le trait ou le point doit exprimer. Ni la négligence ni l'indifférence ne sont tolérées.

à un artiste, aussi habile soit-il , de ne pas se sentir entièrement satisfait de l'usage qu'il fait du pinceau, car il n'est jamais parfait et est toujours susceptible d'amélioration. Le pinceau est le serviteur de l'âme de l'artiste et doit répondre à son inspiration. L'étudiant est averti d'être autant sur ses gardes contre la négligence lorsqu'il manipule le pinceau que s'il était un épéiste prêt à attaquer son ennemi ou à défendre sa propre vie ; et voici la raison : tout dans l'art conspire pour empêcher le succès. La douceur du pinceau exige que le trait soit léger et rapide et le toucher délicat. Le pinceau, lorsqu'il est d'abord plongé dans l'eau, peut en absorber trop ou pas assez, et le *sumi* ou l'encre prélevé sur le pinceau peut tacher ou refuser de s'étaler ou de couler sur le matériau, ou encore se propager dans la mauvaise direction. Le papier chinois (TOSHI) utilisé dans les œuvres d'art ordinaires peut être tellement affecté par l'atmosphère qu'il refuse de répondre, et le coup de pinceau doit être réglé en conséquence. Toutes ces questions doivent être prises en compte lors de l'utilisation du pinceau, et si l'esprit de l'artiste n'est pas alerte, le résultat est un échec. (IL EST DIX ICHI BOKU *Non* CHIOU *oh su béki* .)

Véhicule du sentiment subtil à exprimer dans la forme, le pinceau doit être façonné de manière à recevoir et transmettre les vibrations du moi intérieur de l'artiste. Beaucoup de soin, beaucoup de réflexion et de compétences ont été consacrés à la fabrication du pinceau.

En Chine, l'art d'écrire a précédé la peinture, et les premiers pinceaux fabriqués étaient des pinceaux d'écriture, et plus l'écriture devenait un art merveilleux, plus l'attention était accordée aux matériaux composant le pinceau d'écriture. Ces pinceaux étaient à l'origine fabriqués avec des poils de lapin, autour desquels étaient enveloppés des poils de cerf et de mouton, et les manches étaient des tiges de mûrier. Plus tard, à mesure que les caractères chinois devenaient plus complexes et l'écriture plus scientifique, les pinceaux étaient fabriqués avec le plus grand soin en poils de renard et de lapin, avec des manches en ivoire, et ils étaient conservés dans des boîtes en or et à bijoux. Les fonctionnaires ont été chargés de rédiger tous les documents publics avec des pinceaux à manche en laque rouge, le rouge étant une couleur positive ou masculine (YO) . Ogishi , le plus grand des écrivains chinois, utilisait pour ses pinceaux les palpeurs situés autour du nez du rat et les poils prélevés sur le bec du martin-pêcheur.

Au Japon, les poils de cerf, de blaireau, de lapin, de mouton, d'écureuil et de cheval sauvage entrent tous dans la fabrication du pinceau de l'artiste, qui est fabriqué sur commande, long ou court, doux ou résistant, rigide ou souple. Pour la pose de couleur, les poils du blaireau sont privilégiés. Les tailles et formes des pinceaux utilisés diffèrent selon le sujet à peindre. Il existe des pinceaux pour les fleurs et les oiseaux, les êtres humains, les paysages, les lignes des vêtements, les lignes du visage, pour appliquer la couleur, pour ombrer, etc.

Une caractéristique distinctive de la peinture japonaise est la force du coup de pinceau, techniquement appelé *fude no chikara* ou *fude no ikioi* . Lorsqu'on représente un objet suggérant la force, comme par exemple une falaise rocheuse, le bec ou les serres d'un oiseau, les griffes du tigre ou les membres et branches d'un arbre, au moment où le pinceau est appliqué, le sentiment de force doit être ressenti. invoqué et ressenti dans tout le système de l'artiste et transmis au pinceau par l'intermédiaire de son bras et de sa main, et ainsi transmis à l'objet peint ; et ce courant nerveux doit être continu et d'égale intensité pendant que le travail se déroule. Lorsqu'on examine les branches ou les branches d'un arbre dans une peinture d'un artiste Kano, on est étonné de percevoir la force vitale qui leur a été infusée. Même les plus petites brindilles semblent remplies du pouvoir de croissance – tout cela est le résultat du *fude no chikara* . En effet, lorsque ce principe est compris, et à la lumière de celui-ci, les arbres de nombreux artistes italiens et français sont examinés d'un œil critique, ils apparaissent flasques, sans vie et comme s'ils avaient été faits avec une plume. Il leur manque cette vigueur qui n'est obtenue que par *le fude no chikara* , ou la force du pinceau.

En écrivant les caractères chinois à la manière du REI SHO, ce même principe est soigneusement inculqué. Les personnages doivent être exécutés avec le sentiment d'être gravés sur la pierre ou gravés sur l'acier : telle doit être la force transmise au pinceau par le bras et la main. Ainsi exécutés, les écrits semblent empreints d'une force vive.

On raconte que Chinanpin , le grand peintre chinois, un étudiant en art s'étant adressé à lui pour suivre des cours, a peint une plante d'orchidée et a dit à l'étudiant de la copier. L'étudiant l'a fait à sa propre satisfaction, mais le maître lui a dit qu'il était loin de ce qui était le plus essentiel. Encore et encore, pendant plusieurs mois, l'orchidée a été reproduite, chaque fois une amélioration par rapport à l'effort précédent, mais sans jamais obtenir l'approbation du maître. Enfin Chinanpin explique ainsi : Les longues feuilles en forme de lame de l'orchidée peuvent tomber vers la terre, mais elles aspirent toutes à pointer vers le ciel, et cette tendance est appelée désir de nuages (bo un) DANS L' ART . C'est pourquoi, lorsque le pinceau atteint le bout de la longue feuille mince, l'artiste doit sentir que celui-ci a envie de montrer les nuages. Ainsi peinte, le véritable esprit et la force vivante (*kokoromochi*) de la plante sont préservés.

Kubota recommande aux étudiants en art et aux artistes une pratique avec des lignes excellentes pour acquérir et conserver la fermeté et la liberté du bras, avec une force constante et continue dans le trait. Avec un pinceau tenu strictement perpendiculairement au papier, des lignes horizontales sont peintes, d'abord de droite à gauche, sur toute la largeur du TOSHI ou autre papier, chaque ligne ayant une épaisseur égale et une intensité de puissance inébranlable sur toute sa longueur. L'épaisseur du trait dépendra de la quantité de poils dans le pinceau qui peut toucher le papier ; si seule la pointe du pinceau est utilisée, le trait sera fin ou fin ; mais, qu'il s'agisse d'une large bande ou d'un tracé délicat, il doit être partout uniforme et rempli de force vivante. Ensuite, les lignes sont peintes de gauche à droite de la même manière et avec la même attention particulière à une épaisseur uniforme et à un flux continu de force nerveuse du début à la fin. Ensuite, la tâche de plus en plus difficile est de les peindre de haut en bas du TOSHI , et enfin, le plus difficile et le plus important de tous ces exercices, les lignes parallèles sont tracées de bas en haut du papier. Plus le trait est fin, plus il est difficile à exécuter, à cause de la tendance de la main à trembler. En effet, la difficulté est suprême. Laissez tous ceux qui sont intéressés essayer ceci ; c'est un exercice pour la plupart des experts. De telles lignes ressemblent aux *limes* du violon, où un son continu et soutenu d'égale intensité est produit en tirant l'archet du talon à la pointe si lentement sur les cordes qu'il bouge à peine. La pratique des lignes indiquées dans le chemin donne stabilité et force, qualités recherchées à chaque instant dans l'art japonais. Observez un artiste japonais peindre la jeune branche d'un prunier sortant du tronc. La croissance de la nouvelle année, commençant peut-être du bas du TOSHI , sera projetée vers le haut. Examinez-le attentivement et vous constaterez qu'il est conforme au principe du *jude no chikara* qui transfère une force vivante dans la branche. J'ai vu au Japon des artistes européens essayer en vain de produire de tels effets ; mais cela dépend d'une pratique longue et patiente.

Un artiste japonais ignorera fréquemment les limites du papier sur lequel il peint en commençant son trait sur le MOSEN et en le continuant sur le papier – ou en le commençant sur le papier et en le projetant sur le MOSEN . Cela produit le sentiment ou l'impression d'une grande force de frappe. Cela anime l'œuvre. Et dans ce type de peinture énergique, si des gouttes de *sumi* tombent accidentellement du pinceau sur le tableau, elles sont considérées comme lui donnant une énergie supplémentaire. De même, si le trait sur le tronc ou la branche d'un arbre montre de nombreuses lignes fines alors que l'intention était que la ligne soit solide, cela est également considéré comme une preuve supplémentaire de l'énergie du trait et est toujours très apprécié.

Le même principe s'applique à l'art de l'écriture chinoise ; mais cet effet ne doit pas être le résultat d'un calcul - il doit être ce qu'on appelle en art SHI ZEN , c'est-à-dire spontané.

En peignant les cheveux des singes, des ours et autres, le pinceau pointu est aplati et étalé (*wari fude*) de sorte que chaque trait de celui-ci reproduise d'innombrables lignes fines, correspondant aux poils de l'animal. Sosen peignait ainsi. Dans les temps modernes Kimpo (Planche V) est tout simplement réputé pour un tel travail.

De nombreux artistes deviennent merveilleusement experts dans l'usage du pinceau plat, large d'un à quatre pouces, appelé *merlu,* au moyen duquel sont obtenus des effets instantanés tels que la pluie, les rochers, les chaînes de montagnes et les scènes de neige. Certains artistes acquièrent une réputation particulière pour leur habileté à utiliser le *merlu*.

La brosse doit être souvent et soigneusement rincée pendant la durée de son utilisation, puis lavée et séchée lorsqu'elle n'est pas utilisée. À Kyoto, Osaka et Tokyo, il existe de célèbres fabricants de pinceaux pour artistes, et les noms de fabricants tels que Nishimura, Sugiyama, Hakkado , Onkyodo et Kiukyodo sont familiers à tous les artistes du pays.

L'utilisation du *sumi* (YOBOKU) est le trait vraiment distinctif de la peinture japonaise. Non seulement cette couleur noire *(sumi) est* utilisée dans tous les travaux d'aquarelle, mais c'est souvent la seule couleur employée ; et un tableau ainsi exécuté, selon les lois de l'art japonais, est appelé *sumi e* et est considéré comme le plus haut test de l'habileté de l'artiste. Les couleurs peuvent tromper l'œil *(damakasu)*, mais *le sumi* ne le peut jamais ; il proclame le maître et expose le tyro.

Les termes « étudier en noir et blanc » Les « dessins à l'encre de Chine » et autres, étant donné qu'ils ne sont que des traductions improvisées, sont trompeurs. Le terme chinois « BOKUGWA » est l'équivalent exact de *sumi e* et tous deux désignent et décrivent la même production. *Sumi e* n'est pas une « image à l'encre », puisqu'aucune encre n'est utilisée dans sa production. L'encre est à l'opposé du *sumi,* tant dans sa composition que dans son effet. L'encre est un acide et un fluide. *Le Sumi* est un solide fabriqué à partir de la suie obtenue en brûlant certaines plantes (pour les meilleurs résultats, *le juncus communis,* le jonc ou le *sésame orientalis),* associée à de la colle de corne de cerf. Celui-ci est moulé en un gâteau noir qui, en séchant complètement s'il est conservé dans la cendre, s'améliore avec l'âge. Dans une grande partie du bon *sumi,* du pourpre *(beni)* est ajouté pour l'éclat et du parfum de musc *(Jako)* est introduit à des fins antiseptiques. Lorsqu'une finition ou une surface morte *(tsuya o keshi)* est souhaitée, comme par exemple lorsque la coiffure féminine doit être peinte et qu'un fond mat est nécessaire pour contraster avec les mèches brillantes des cheveux, une petite coquille d'huître pulvérisée blanche, appelé GO FUN, est mélangé avec le *sumi.* L'encre de Chine commerciale ressemble *au sumi* en apparence, mais sa qualité est très inférieure. Les méthodes de fabrication *du sumi* sont des secrets soigneusement gardés. La Chine, sous la dynastie Ming, il y a trois siècles, produisait le meilleur *sumi, bien que le sumi* chinois (TOBOKU) a utilisé les spectacles des douze siècles passés, tant dans l'écriture que dans la peinture, aussi distinctement et brillamment que s'ils avaient été fabriqués récemment. Nara, près de Kyoto, fut le berceau du *sumi japonais* et la maison de Kumagai *(Kyukyodo)* a depuis des siècles ses fabricants dans cette ville. A Tokyo, un créateur distingué, dont de nombreux artistes préfèrent le *sumi ,* *est* Baisen . Il a consacré cinquante années de sa vie à l'étude et à la rédaction de ce précieux article. Il possède de grands secrets de fabrication qui risquent de mourir avec lui. À l'époque d'Okyo, il y avait un *sumi* bleu foncé appelé AI EN BOKU mais l'art et le secret de sa fabrication sont perdus.

Lors de l'utilisation *du sumi,* le gâteau est humidifié et frotté sur une plaque appelée *suzuri ,* produisant un semi-fluide. Le pinceau bien nettoyé est plongé d'abord dans de l'eau claire puis dans le *sumi préparé.* Lorsque le *sumi* est prélevé sur le pinceau, il doit être utilisé sans délai ; sinon il se mélangera à l'eau du pinceau et détruira l'équilibre souhaité entre l'eau et le *sumi.* Pour un travail soigné, le *sumi* est d'abord transféré sur le pinceau du *suzuri* vers une soucoupe blanche, où il est testé. C'est un fait singulier que la couleur du *sumi* diffère selon la manière dont il est frotté sur la pierre. Les meilleurs résultats sont obtenus lorsqu'une jeune fille est employée à cet effet, sa force étant tout juste convenable.

Il est très important, lors de la peinture au *sumi ,* de renouveler fréquemment sa résistance en appliquant de nouvelles applications du gâteau sur la dalle. La couleur et la richesse du *sumi* laissé sur la dalle s'estompent rapidement ; et bien que lors de son utilisation, cela ne soit pas apparent, lorsque le *sumi* sèche sur le papier ou la soie, sa faiblesse est rapidement perçue.

Par l'utilisation adroite des couleurs *sumi* peuvent être suggérées avec succès, des matériaux apparemment reproduits et par ce qu'on appelle LE BOKUSHOKU , ou le jeu de la lumière et de l'ombre, les rayons mêmes du soleil peuvent être emprisonnés dans les quatre coins d'une image. Les artistes sont facilement reconnaissables dans leur travail par leur manière d'utiliser ou de poser le *sumi.* La couleur, l'éclat, les nuances et le débit de l'encre nous permettent même de déterminer la disposition ou l'état d'esprit de l'artiste au moment de peindre, tant le sumi est sensible, réactif à l'humeur de l'artiste qui l' *utilise .* Ce sujet suscite beaucoup d'intérêt. Les artistes deviennent les plus difficiles à satisfaire au sujet des diverses sortes de *sumi,* qui diffèrent autant par leurs qualités particulières que par les sonorités des violons célèbres. Il est intéressant d'observer à quel point la couleur ou la richesse d'un même *sumi varie* selon l'habileté avec laquelle il est appliqué.

Le caractère minéral du *suzuri* a également beaucoup à voir avec la production des tons noirs les meilleurs et les plus riches.

La pierre la plus précieuse pour *le suzuri* est connue dans tout le monde oriental sous le nom de TAN KEI et se trouve dans la montagne de Fuka en Chine. Cette pierre est traversée par des stries dorées, avec de petits points appelés yeux d'oiseau. L'eau qui coule de la montagne Fuka est bleue. La couleur de la roche est violette. Une couleur préférée du *suzuri (appelé* KEN en chinois) est le foie de lion. Autrefois, de nombreuses cérémonies étaient observées lors de l'extraction de cette pierre et des moutons et du bétail étaient offerts en sacrifice, sinon on croyait que la pierre serait frappée par la foudre et réduite en cendres entre les mains de son propriétaire. Le *suzuri* est également fabriqué en Chine à partir de sédiments fluviaux façonnés et cuits. Une autre méthode consiste à fabriquer le *suzuri* à partir de papier et de vernis à base d'arbre à laque. Tels sont appelés papier *suzuri* (SHIKEN). Au Thibet, *les suzuri* sont fabriqués à partir de racine de bambou. Au Japon, les meilleures pierres pour *suzuri* se trouvent près d'Hiroshima à Kiushu , le grain étant dur et fin.

L' utilisation habile des aquarelles s'appelle SESSHOKU . Il est plus difficile de peindre avec *du sumi* seul que d'utiliser de l'eau pour peindre à l'aide de couleurs, qui peuvent cacher des défauts qui ne seront jamais dissimulés dans un *sumi,* où peindre une seconde fois sur *du sumi est désastreux.* Les peintres japonais sont en général avares de couleurs, la moindre quantité utilisée avec discrétion et retenue étant généralement suffisante. De nombreux artistes n'ont pas le sens des couleurs ou n'aiment pas la couleur et l'utilisent rarement. Kubota a souvent déclaré qu'il espérait vivre jusqu'à ce qu'il se sente justifié d'abandonner la couleur et d'employer *le sumi* seul pour tous les effets de la peinture.

Il existe huit manières différentes de peindre en couleur. Je vais les énumérer, avec leurs termes techniques et descriptifs :

Dans la meilleure forme de peinture en couleur (GOKU ZAÏ SHIKI) (Planche IX) la couleur est appliquée avec le plus grand soin, en étant appliquée trois fois ou plus souvent si nécessaire. En raison de ces couches répétées, cette forme est appelée TAI CHAKU. SHOKU . Ce style de peinture est réservé aux temples, aux paravents dorés, aux plafonds des palais, etc. Les peintres Tosa et *Yamato* suivaient généralement cette manière.

La deuxième meilleure méthode de coloration (CHU ZAI SHIKI) (Planche X) est appelé CHAKU SHOKU , ou l'application ordinaire de la couleur. Les écoles Kano et Shijo utilisent largement cette méthode, tout comme les peintres *Ukiyo e* .

La méthode de l'aquarelle claire, appelée TAN SAI (Planche XI) , est employé dans le style ordinaire de peinture *des kakémono* et est très utilisé par l' école Okyo .

La forme de peinture la plus intéressante, techniquement appelée BOKKOTSU (Planche XII) est celle dans laquelle tous les contours sont supprimés et où *le sumi* ou la couleur est utilisé pour les masses. Un autre terme japonais pour le même terme est *tsuketate* .

Écureuil arboricole, par Mochizuki Kimpo . Planche V

La méthode d'ombrage, appelée GOSO (Planche XIII) , inventée par un artiste chinois, Godoshi , qui a vécu il y a mille ans, consiste à appliquer une couleur marron foncé ou un léger lavis *sumi* sur les lignes *sumi* . Ce style était très employé par les peintres Kano et pour l'impression d'art.

La couleur brun rougeâtre clair, techniquement appelée SENPO SHOKU (Planche XIV) , est principalement utilisé pour imprimer des images sous forme de livres.

Une autre forme utilisée de la même manière est appelée HAKUBYO. (Planche XV) ou motif blanc, aucune couleur n'étant employée.

Enfin, il y a la photo *sumi* ou *sumi e* (Planche XVI) , techniquement appelé SUIBOKU , — auquel nous avons déjà fait référence — où seul *le sumi* est employé, le noir étant considéré comme une couleur par les artistes japonais.

Une méthode bien connue pour produire les teintes automnales des feuilles forestières consiste à reprendre au pinceau les unes après les autres et dans l'ordre suivant ces couleurs : jaune-vert (ki iro), marron *(tai sha)* , rouge (SHU), pourpre *(beni)*, et enfin, et tout au bout du pinceau, *sumi*. Le pinceau ainsi chargé et adroitement appliqué donne un charmant effet automnal, les couleurs se fondant les unes dans les autres comme dans la nature.

Il existe cinq couleurs parentales dans l'art japonais : les couleurs parentales Bleu (SEI), jaune (AU), noir (koku), blanc (BYAKU), combinaisons et rouge (SEKI). Celles-ci, combinées (CHO GO) , génèrent d'autres couleurs comme suit : le bleu et le jaune produisent du vert *(midori)* ; bleu et noir, bleu foncé *(ai nezumi)* ; bleu et blanc, bleu ciel *(sora iro)* ; bleu et rouge, violet *(murasaki)* ; jaune et noir, vert foncé *(unguisu cha)* ; jaune et rouge, orange *(kaba)* ; noir et rouge, marron *(tobiiro)* ; noir et combinaisons blanc, gris *(nezumiiro)*. Ces couleurs secondaires combinées produisent d'autres tons et nuances requis. De l'or et de l'argent en poudre ainsi que du pourpre fabriqué à partir de la plante du safran sont également utilisés. Les couleurs, à l'exception du jaune, sont préparées à l'emploi en les mélangeant avec de la colle légère sur une soucoupe. Avec le jaune, on utilise uniquement de l'eau. En plus de tout ce qui précède, il existe d'autres couleurs coûteuses utilisées dans un travail minutieux et connues sous le nom de terres minérales *(iwamono)*. Ils sont bleus (GUNJO), bleu foncé ou bleu de Prusse (KONJO), vert bleuâtre clair (GUNROKU), verts (ROKUSHO), vert clair (BYAKUGUN), vert pois (CHAROKU) . SHO) et rouge clair (SANGO MATSU).

L'utilisation de couleurs primaires dans une peinture à proximité de couleurs secondaires qu'elles génèrent est une couleur à éviter, car les deux perdent dans un tel contraste ; et lorsqu'une palette de couleurs ne donne pas satisfaction, on constate généralement que ce principe cardinal de l'harmonie, appelé *iro no kubari* , a été méconnu par l'artiste. La couleur dans l'art est la robe, l'habillement dont l'œuvre est vêtue. Il doit être convenablement combiné, retenu et ne pas attirer une attention excessive *(medatsunai)*. Le vrai sens des couleurs est un cadeau spécial.

CHAPITRE QUATRE.
LOIS RÉGISSANT LA CONCEPTION ET L'EXÉCUTION D'UN TABLEAU

Lorsqu'un artiste japonais s'apprête à peindre un tableau , il considère d'abord l'espace que le tableau doit occuper et sa forme, qu'elle soit carrée, oblongue, ronde ou autre ; ensuite, la répartition de la lumière et de l'ombre, puis la disposition des objets dans la composition de manière à obtenir une harmonie et des contrastes efficaces. Pour résoudre ces questions, il s'appuie largement sur les lois de la proportion et du design.

Les principes de proportion (ICHI) et de design (ISHO) sont étroitement liés. Ils visent à fournir et à exprimer avec sobriété ce qui est essentiel à la composition, la proportion déterminant la juste disposition et répartition des éléments constitutifs, et à concevoir la manière dont celle-ci doit être traitée. Dans un paysage, la proportion peut nécessiter l'effet d'équilibre des bâtiments et des arbres, tandis que la conception déterminera la manière dont ceux-ci peuvent être présentés de manière pittoresque ; par exemple, en faisant en sorte que les arbres cachent partiellement les bâtiments, provoquant ainsi le désir de voir plus que ce qui est montré. Une telle suggestion ou stimulation de l'imagination est appelée YUKASHI . Le peintre japonais apprend très tôt la valeur de la suppression dans le design : *l'art d'ennuyer est de tout dire* .

Une règle de proportion bien connue, exprimée de façon bizarre dans l'original chinois et qui est plus ou moins respectée dans la pratique, exige que dans une peinture de paysage, si la montagne mesure, par exemple, dix pieds de haut, les arbres doivent mesurer un pied, un un cheval d'un pouce et un homme de la taille d'un haricot. JO SAN SEKI JU , SUN BA À JIN (Planche XVII) .

Le design, appelé en art ISHO ZUAN ou *takumi* , est en grande partie l'équation personnelle de l'artiste. C'est son pouvoir de présenter et d'exprimer ce qu'il traite de manière originale. Le sujet n'est peut-être pas nouveau, mais son traitement doit être frais et attrayant. Beaucoup dépendra de l'apprentissage et de la capacité technique de l'artiste. En matière de design , les artistes de Tokyo se sont toujours distingués de ceux de Kyoto, les premiers visant des effets vifs et même initiaux, tandis que les seconds cherchent à produire un *résultat plus calme ou plus sobre (otonashi)* .

Lorsque des paysages ou des arbres doivent être peints sur un seul panneau, les panneaux de chaque côté peuvent être commodément placés et la peinture conçue sur le panneau central en relation avec les deux panneaux supplémentaires utilisés pour l'élaboration. De cette manière, lorsque les panneaux latéraux sont retirés, l'effet est comme si le paysage ou les arbres étaient vus à travers une fenêtre ouverte, et toute apparence d'étroitesse ou de contrainte est évitée. Les artistes *Ukiyo e* pratiquaient une méthode similaire dans leurs *hashirakake* ou gravures longues et étroites ressemblant à des panneaux d'hommes et de femmes utilisées pour décorer les poutres verticales d'une pièce.

La littérature artistique regorge d'exemples illustrant les proportions et la conception correctes.

L'artiste Buncho ayant été invité à peindre un corbeau volant à travers un *fusuma* ou quatre panneaux en forme de porte coulissante, après mûre réflexion, il a peint l'oiseau en train de disparaître de la dernière de ces subdivisions, l'espace des trois autres suggérant le vol rapide qui le corbeau l'avait déjà accompli, et la loi de proportion (ICHI) ou d'arrangement ordonné ainsi observée fut universellement applaudie.

Dans le cimetière en bois du temple d'Ikegami , où se trouvent les tombes de tant d'artistes Kano (y compris Tanyu), se trouve une pierre marquant la tombe d'un peintre Kano qui, après avoir exécuté une commande pour un tableau et son patron, observant qu'il manquait de design et qu'il devait ajouter un certain effet doré dans la palette de couleurs, plutôt que de violer ses propres convictions quant à ce qu'il considérait comme un design approprié, a d'abord refusé de s'y conformer, puis a commis le *hara kiri* .

Un canon de l'art japonais qui est à la base de l'un des charmes particuliers des tableaux japonais, non seulement dans la composition entière mais aussi dans les moindres détails qui pourraient échapper à l'attention au premier coup d'œil, exige qu'il y ait dans chaque tableau le sentiment d'actif et de passif, de lumière et d'ombre. C'est ce qu'on appelle EN YO et est basé sur le principe du contraste pour intensifier les effets. Le terme IN YO trouve son origine dans les premières doctrines de la philosophie chinoise et a toujours existé dans le langage artistique de l'Orient. Cela signifie obscurité (IN) et lumière (YO), négatif et positif, féminin et masculin, passif et actif, inférieur et supérieur, pair et impair. Ce terme est d'une application constante en peinture. Une image avec ses lumières et ses ombres correctement réparties est conforme à la loi de L'IN YO . Deux corbeaux volants, l'un le bec fermé, l'autre le bec ouvert ; deux tigres dans leur tanière, l'un la gueule fermée, l'autre les dents visibles ; ou deux dragons, l'un montant vers le ciel et l'autre descendant vers l'océan, illustrent les phases de IN YO . LES MONTAGNES, LES VAGUES, LES PÉTALES D'UNE FLEUR, LE GLOBE OCULAIRE D'UN OISEAU, LES ROCHERS, LES ARBRES : TOUS ONT LEURS aspects négatifs et positifs. DANS et leur YO . L'observation de ce canon garantit non seulement le contraste efficace de la lumière et de l'ombre dans une image, mais également un contraste tout aussi frappant entre les éléments constitutifs de chaque objet qui la compose.

La loi de la forme, dans l'art appelé KEISHO ou KAKKO , est largement appliquée pour déterminer non seulement la forme correcte des choses mais aussi leur présentation appropriée ou appropriée selon les circonstances. Cela concerne toutes sortes d'attitudes et de tenues vestimentaires. Il détermine ce qui convient au prince et au mendiant, au courtisan et au paysan. Il régule la forme que doivent prendre les objets en fonction des conditions qui les entourent, qu'ils soient vus de près ou de loin, dans la brume ou sous la pluie ou la neige, en mouvement ou au repos. La forme exacte des objets en mouvement (comme un animal qui court, un oiseau qui vole ou un poisson qui nage) personne ne peut la voir, mais le peintre qui a observé, étudié et connaît par cœur la forme de ces objets au repos peut, par grâce à son habileté, les reproduire en mouvement, raccourcis ou non ; c'est KEISHO ; et on lui apprend et il comprend bien que si, dans l'exécution d'un tel travail, sa mémoire des détails essentiels lui fait défaut, l'hésitation est susceptible de faire périr le tableau en tant qu'œuvre d'art.

KEISHO signifie littéralement forme, mais dans l'art oriental, cela signifie aussi les propriétés ; c'est une loi qui impose entre autres choses les canons du bon goût et supprime toutes les exagérations, les particularités inartistiques et *les grimaces*.

La loi touchant les sujets historiques et la manière de les peindre s'appelle KO JUTSU . Des principes particuliers s'appliquent à ce département d'art japonais. Le peintre historique doit connaître tous les détails historiques de la période à laquelle se rapporte sa peinture, y compris une connaissance des armes, des accessoires, des costumes, des ornements, des coutumes, etc. Ce sujet couvre un domaine trop vaste et est trop important pour être traité sommairement ici. Il suffit de dire qu'il y a eu de nombreux peintres historiques célèbres au Japon. Je me souviens, en revanche, d'un tableau exposé autrefois par un artiste distingué de Tokyo, qui fut superbement exécuté mais totalement ignoré par le jury parce qu'il violait certains canons applicables à la peinture historique.

Le terme TOI SHOKU fait référence aux lois régissant les pratiques de la maison impériale, les rites bouddhistes et shinto. Avant d'essayer une œuvre d'art dans laquelle ces éléments peuvent figurer, le peintre doit être parfaitement familiarisé avec les intérieurs du palais, les règles de l'étiquette, les occupations et les passe-temps de l'empereur, des nobles de la cour (*Kuge*) , *les daimyo* et leurs serviteurs militaires *(samouraïs),* les costumes des femmes (*tsubone*) de la maison impériale ainsi que leurs devoirs et réalisations. L' école

Tosa a fait de la connaissance approfondie de ces détails sa spécialité. Toutes les peintures bouddhistes relèvent de la loi de YU SHOKU .

Examinons ensuite brièvement quelques-uns des principes applicables à la peinture de paysage japonaise. Les paysages sont connus dans l'art sous le terme SAN SUI, qui signifie montagne et eau. Ce terme chinois indiquerait que les artistes chinois considéraient à la fois les montagnes et l'eau comme des éléments essentiels aux sujets de paysage, et la tendance chez un artiste japonais à introduire les deux dans sa peinture est toujours perceptible. S'il ne trouve pas l'eau ailleurs , il la prend du ciel sous forme de pluie. En effet, les sujets de pluie et de vent sont très appréciés et de merveilleux effets sont produits dans leurs images suggérant le prochain slorm , où le vent fait prendre aux bambous et aux arbres des formes nouvelles, étranges et fantastiques.

Le paysage (planche XVIII) contient une haute montagne, des rochers, une rivière, une route, des arbres, un pont, un homme, un animal, etc. La première condition d'une telle composition est que le tableau réponde à la loi de DIX CHI JIN , ou le ciel, la terre et l'homme. On dit que cette merveilleuse loi du bouddhisme imprègne l'univers et qu'elle s'applique le plus largement à tout l'art de l'homme. DIX CHI JIN signifie que tout ce qui mérite d'être contemplé doit contenir un sujet principal, son complément complémentaire et des détails auxiliaires. L'œuvre est ainsi complétée à sa perfection.

Tigre, par Kishi Chikudo . Planche VI.

Cette loi des DIX CHI JIN s'applique non seulement à la peinture mais à la poésie (sa sœur aînée), à l'architecture, aux plans de jardins, ainsi qu'à la composition florale ; en fait, il s'agit d'une loi universelle et fondamentale de construction correcte. Dans la planche XVIII, la montagne est l'élément dominant ou principal. Il retient notre première attention. Tout lui est subordonné. C'est pourquoi on l'appelle DIX, ou ciel. Viennent ensuite les rochers, complémentaires de la montagne. Ceux-ci sont donc LE CHI, ou la terre ; tandis que tout ce qui contribue au mouvement ou à la vie du tableau, à savoir les arbres, l'homme, l'animal, le pont et la rivière, est appelé JIN ou HOMME , de sorte que le tableau satisfait à la première loi de la composition, à savoir l'unité DANS variété requise par DIX CHI JIN .

Il existe une autre loi qui détermine le caractère général à donner à un paysage selon la saison, et qui s'exprime ainsi : Les montagnes au printemps doivent suggérer la joie ; en été, vert et humidité ; en automne, abondance ; en hiver, somnolence. La formule est la suivante : SHUN- ZAN , *Ouah gotoshi* ; KAZAN , *arau gotoshi* ; SHUZAN , *yoso gotoshi* ; TOZAN , *némurugotoku* .

 De même, selon les saisons, il existe quatre manières principales de peindre le bambou (CHIKU). Dans le bambou de beau temps (SEI CHIKU), les feuilles s'étalent joyeusement ; dans le bambou pluvieux (UCHIKU), les feuilles pendent avec découragement ; dans le bambou venteux (FUCHIKU), les feuilles se croisent confusément, et dans la rosée du petit matin (ROCHIKU) , les feuilles du bambou pointent toutes vigoureusement vers le haut (planche LIII a 1 à a 4) .

Les artistes Kano diffèrent des peintres Shijo par leur manière de combiner (*kasaneru*) les feuilles et les branches du bambou. De manière générale, les artistes Shijo pointent les feuilles vers le bas, tandis que les premiers les pointent vers le haut, ce qui est plus efficace.

Encore une fois, dans les paysages de neige, les artistes de Kano peignent d'abord le bas de la ligne de neige, puis en ombrant *(kumadori)* dessus avec une encre très claire *(usui sumi)* , ils produisent l'effet de neige accumulée. L' école Okyo obtient le même résultat d'une manière beaucoup plus brillante, en n'utilisant qu'un seul coup adroit de pinceau bien arrosé, dont la pointe seule est garnie de *sumi.*

Certains artistes , notamment Kubota Beisen et ses disciples, emploient les deux méthodes, la première pour les paysages de neige proches et la seconde pour les paysages de neige lointains.

Les basses montagnes dans un paysage suggèrent une grande distance. Le Fujiyama, sujet favori de tous les artistes, ne doit pas être peint trop haut, sous peine de perdre en dignité en paraissant trop proche . Dans une œuvre d'art écrite par Oishi Shuga , le Fuji est reproduit tel qu'il apparaît à chaque saison de l'année, qu'il soit recouvert de neige, en partie caché par les nuages, ou clairement visible dans ses contours dégagés. Le livre est un guide sûr que les artistes peuvent consulter.

Nous pouvons ensuite considérer quelques lois applicables aux montagnes, aux rochers et aux corniches. Les grands écrivains chinois sur l'art ont observé depuis longtemps que les montagnes, les rochers, les corniches et les pics présentent certaines caractéristiques qui les distinguent. Ceux-ci diffèrent non seulement par leurs formations géologiques mais varient également selon les saisons en raison des différentes graminées et végétations qui peuvent plus ou moins les vieillir ou les dissimuler. Tenter de les reproduire tels que vus était une tâche désespérée, il y avait trop de détails confus ; Ainsi, seuls les éléments saillants sont notés, étudiés et peints selon ce qu'on appelle SHUN PO, ou la loi des rebords ou des stratifications. Il existe huit manières différentes de représenter les rochers, les corniches et autres éléments similaires :

La méthode de l'écorce de chanvre pelée, appelée HI MA SHUN (Planche XXIII a) .

La grande et la petite hache frappent un arbre, appelé DAI SHO FU HEKI ÉVITER (Planche XXIIIb) .

Les lignes de la feuille de lotus, appelées KA YO SHUN (Planche XXIVa).

Cristaux d'alun, appelés HAN À ÉVITER (Planche XXIVb) .

Les feuilles de riz en vrac, appelées KAI SAKU SHUN (Planche XXVa) .

Brindilles d'allumage flétries, appelées RAN SHI SHUN (Planche XXVb) .

Feuilles de chanvre éparses, appelées RAMMA SHUN (Planche XXVI a) .

Les rides du cou d'une vache, appelées GYU JE VAIS ÉVITER (Planche XXVIb) .

Ces huit lois ne sont pas seulement des guides disponibles pour les effets souhaités ; ils abrègent également le travail et évitent à l'artiste de tenter la tâche impossible de reproduire exactement les conditions physiques de la terre dans une peinture de paysage. Ce sont des symboles ou des substituts à la vérité ressentie. Rien n'est plus intéressant que de telles ressources artistiques par lesquelles le sentiment d'un paysage est reproduit en suggérant ou en symbolisant ainsi nombre de ses caractéristiques essentielles.

C'était une théorie du grand professeur chinois Chinanpin , et particulièrement appliquée par lui, selon laquelle les arbres, les plantes et les herbes prennent la forme d'un cercle, appelé dans l'art RIN . KAN (voir Planche XXVII), No. 1; ou un demi-cercle (HAN PEUT) (Planche XXVII) , No. 2 ; ou un agrégat de demi-cercles, appelés écailles de poisson (GYO RIN) (Planche XXVII) , No. 3 ; ou une modification de ces dernières, appelée écailles de poisson mobiles (GYO RIN KATSU HO) (Planche XXVII) , No 4. Développer ce principe sur la Planche XXVIII , No. 1, nous avons théoriquement la première forme de croissance des arbres et sur la planche XXVIII , No. 2, la même interprétation pratique. Dans nos. Sur les figures 3 et 4, même planche, nous avons la croissance de l'herbe illustrée théoriquement et pratiquement. Dans la planche XXIX , selon cette méthode, tout le squelette d'un arbre forestier est construit. Dans nos. 1 et 2 sur cette planche sont indiqués de nombreux petits cercles. Ceux-ci montrent où commence chaque coup de pinceau, les points de départ étant d'une importance primordiale pour corriger l'effet. Au non. 3, même planche, nous avons l'œuvre de fondation d'un arbre dans un tableau japonais. Il est inutile de souligner la merveilleuse vigueur qui se manifeste dans les œuvres construites selon les principes ci-dessus.

Dans la peinture des rochers, des corniches, etc., Chinanpin a enseigné que les lignes courbes des écailles du poisson doivent être transformées en lignes droites, au nombre de trois, de longueurs différentes, deux étant rapprochées et la troisième ligne légèrement séparée, et le tout soit perpendiculaire, soit horizontal, comme dans la planche XXX , nos. 1 et 2. Dans la même planche, les Nos. 3 et 4, nous avons illustré le principe de la construction rocheuse. Dans la planche XXXI , nos. 1, 2 et 3 montrent l' application pratique de cette théorie au travail *des kakemono* . En exécutant ces lignes pour les roches, on insiste beaucoup sur le principe de IN YO ; sur les parties surélevées, le pinceau doit être utilisé légèrement (IN) et sur les parties inférieures, il doit être appliqué avec force (YO). Au fond, là où s'accumulent l'herbe, la moisissure et la mousse, un pinceau plutôt sec (KWAPPITSU) est appliqué d'un trait ferme.

Ensuite, il existe des lois pour les effets proches et éloignés des arbres, des arbustes et des graminées, correspondant à la saison de l'année. Celles-ci sont connues sous le nom de lois des points (TEN PO) ; le dicton DIX TAI SAN NEN indique qu'il faut trois ans pour les réaliser correctement.

Ils sont les suivants :

Le point de glycine tombant (SUI À DIX) (Planche XXXII a) pour les effets de ressort.

Le point de chrysanthème (KIKU KWA DIX) (Planche XXXII b) utilisé dans le feuillage d'été.

Le point de rayon de la roue (SHA RIN SHIN) (Planche XXXIII a) , étant le trait d'aiguille de pin et utilisé pour les pins.

Le caractère chinois pour le verbe « sauver » (KAI JI DIX) (Planche XXXIII b) , utilisé à la fois pour les arbres et les arbustes.

Le point de poivre (KOSHOTEN) (Planche XXXIV a) . Ce point nécessite une grande dextérité et une liberté de mouvement du poignet. On observera que les points sont amenés à varier en taille mais ont tous la même direction.

Les empreintes de souris (DONC SOKU TEN) (Planche XXXIV b) , utilisée pour les cryptomères et autres arbres similaires.

Le point dentelé ou en dents de scie (KYO SHI SHIN) (Planche XXXV a) , très utilisée pour les effets de pins lointains.

Le caractère chinois pour « un » (ICHI JI DIX) (Planche XXXV b) . L'effet produit par ce personnage est très remarquable en représentant des érables et d'autres arbres dont le feuillage, à distance, semble être en couches.

Le caractère chinois pour « cœur » (TIBIA), appelé SHIN JI DIX (Planche XXXVI a) . Ceci est utilisé le plus efficacement pour le feuillage et les graminées.

Le caractère chinois pour « positivement » (HITSU), appelé HITSU JI DIX (Planche XXXVI b) . Ce point ou ce trait est utilisé avec succès pour reproduire le feuillage du saule au printemps.

Le point de riz, appelé BEI DIX (Planche XXXVIII a) .

Le point appelé HAKU YO DIX (Planche XXXVII b) , étant plus petit que le point de poivre, entouré du point de clou de girofle (SHO JI TEN) .

C'est une règle strictement observée qu'aucun de ces points ne doit gêner ou cacher les branches des arbres dont ils font partie.

Le terme *chobo chobo* s'applique à la pratique de toujours finir une peinture de paysage, de rochers, d'arbres ou de fleurs, avec certains points judicieusement ajoutés pour animer et rehausser l'effet général. Ces points, réalisés d'un mouvement de poignet sauté, servent à animer l'œuvre et à lui donner de la fraîcheur, tout comme une averse affecte la végétation. Les artistes de Kano insistaient le plus sur *Chobo Chobo* .

Il existe depuis des temps immémoriaux de nombreuses aides pittoresques aux effets artistiques, bien connues et appréciées des anciens peintres chinois et encore pratiquées avec succès au Japon. Il est probable que le plus grand nombre d'entre eux soient employés dans la construction technique des Quatre Parangons (p. 66 *et suiv.*). Il en existe d'autres encore : comme, par exemple, le motif en écailles de poisson (Planche XIX) , utilisé pour peindre les aiguilles groupées du pin ou les branches courbées du saule ; la patte de cigogne pour branches de pin (Planche XIX) ; la gourde pour la tête et les mâchoires allongées du dragon ; l'œuf pour le corps d'un oiseau (planche XXII ; la corne de cerf pour toutes sortes de branches entrelacées ; le motif du dos de tortue ou les écailles du dragon pour l'écorce de pin. En plus de cela, les formes générales de certains des écrits chinois des personnages sont invoqués pour reproduire des cours d'eau sinueux (planche XX) , des groupements de rochers, des prairies, des marécages et d'autres herbes, etc.

Bien entendu, la forme exacte des différents caractères chinois mentionnés ici ne doit pas être réellement peinte dans la composition, mais simplement le sentiment de leurs formes respectives mentionnées. Ce sont simplement des aide-mémoire pratiques pour les effets souhaités.

C'est l'esprit du personnage plutôt que sa forme exacte qui doit contrôler ; l'ordre des traits peints étant celui du caractère écrit, son sentiment ou sa forme générale est ainsi reproduit.

A ce propos, je ferais allusion aux critiques ou aux jugements sur la peinture japonaise, dans lesquels l'accent est particulièrement mis sur sa qualité calligraphique. Si un artiste japonais était sérieusement informé que sa méthode de peinture était calligraphique, il exploserait de rire. Il existe plusieurs manières d'expliquer cette erreur assez répandue. Une grande partie de ce qui a été écrit sur la peinture japonaise et sa calligraphie n'est que la répétition par un auteur de ce qu'il a confié à un autre, un moyen parfois efficace de propager de la désinformation. Il est bien vrai que l'étude assidue de l'écriture chinoise (SHO) est une partie essentielle d'une éducation artistique approfondie au Japon, non pas cependant dans le but d'apprendre à peindre comme on écrit, ni d'introduire des caractères écrits plus ou moins transformés en caractères. une peinture (si c'est ce que l'on entend par « calligraphique »), mais simplement pour donner à l'artiste liberté, confiance et grâce dans le maniement du pinceau et pour entraîner son œil à la forme et à l'équilibre et pour acquérir à la fois la force du trait et une connaissance de la séquence des coups. Écrire en chinois à la manière des professionnels (SHO KA) est véritablement un grand art, estimé encore plus haut que la peinture ; il faut trente ans de pratique constante pour en devenir expert, et il a beaucoup de lois et de principes profonds qui, s'ils sont maîtrisés par les artistes, leur permettront d'être d'autant plus grands dans leur peinture, et beaucoup d'artistes japonais viennent de se targuer d'être experts . écrivains de caractères chinois. Okyo a pratiqué quotidiennement pendant trois ans l'écriture de deux caractères complexes représentant son nom, jusqu'à ce qu'il soit satisfait de leurs formes, mais il n'y a rien de calligraphique dans aucune des peintures d'Okyo .

Ce qui a peut-être induit en erreur les critiques étrangers et même certains écrivains japonais, c'est qu'il existe au Japon une classe d'hommes adonnés à l'apprentissage, à l'écriture et aussi à la peinture d'une manière particulière.

Ces hommes sont appelés BUN JIN (lettrés) et leur style de peinture s'appelle BUN JIN FU. Ce ne sont pas des artistes, mais sont connus sous le nom d'érudits de Confucius (JU SHA) , et étant des écrivains professionnels ou formés à l'art difficile de la calligraphie chinoise, ils ont une manière de peindre strictement *sui generis*. Il est connu sous le nom de NAN GWA ou manière littéraire du sud de peindre. Leurs sujets sont le bambou, la prune, l'orchidée et le chrysanthème, appelés les quatre parangons (SHI KUN SHI). Ils peignent ces paysages et ces paysages avec leur pinceau et plus ou moins selon ce qu'on appelle la manière d'écrire à caractère herbeux (SO SHO) . En fait, ils visent souvent à faire ressembler leur peinture à une écriture et utilisent rarement d'autres couleurs que le marron clair (TAI SHA). Ils suppriment la ligne par opposition à la masse. Cette méthode est appelée *bokkotsu* (voir planche XII). Une telle peinture de l' école NAN GWA est, dans un sens, calligraphique, mais ce n'est pas le genre de peinture que les artistes japonais apprennent, pratiquent et exercent leur profession, et elle n'est même pas reconnue comme un art, mais simplement comme un développement excentrique de l'art. homme de lettres ayant le goût de la peinture. À un moment ou à un autre, des artistes célèbres , notamment au début de l'ère Meiji, ont considéré ce style de calligraphie BUN JIN simplement comme une mode passagère.

Une autre explication possible du fait que les critiques qualifient toutes les peintures japonaises de calligraphiques est que divers caractères chinois sont, comme nous l'avons vu, invoqués et employés par les artistes japonais comme aide-mémoire pour produire certains effets ; mais si ces caractères étaient introduits calligraphiquement, le résultat serait risible. Il devrait donc être clair que la peinture japonaise n'est pas calligraphique ; appliquez également le terme calligraphie à l'une des aquarelles de Turner. D'un autre côté, l'écriture chinoise est construite sur des images de mots. Il existe entre cinq et six cents personnages mères, toutes imitant les formes des objets ; ceux-ci, avec leurs combinaisons ultérieures, constituent le système écrit chinois, de sorte que s'il n'y a rien de calligraphique dans la peinture japonaise, il y a beaucoup de pictural dans la calligraphie chinoise.

D'autres lois du paysage applicables aux choses vues de loin dans un tableau exigent que les arbres éloignés ne présentent ni branches ni feuilles ; des gens à distance, aucun détail ; des montagnes lointaines, sans rebords ; mers ou rivières lointaines, pas de vagues. Encore une fois, les nuages devraient indiquer d'où ils viennent ; l'eau courante dans le sens de sa source ; les montagnes, leurs chaînes ; et les routes, où ils mènent.

En ce qui concerne la peinture des eaux en mouvement, qu'elles soient profondes ou peu profondes, dans des rivières ou des ruisseaux, des baies ou des océans, Chinanpin a déclaré qu'il était impossible à l'œil de saisir leurs formes exactes parce qu'elles changent constamment et n'ont pas de forme fixe et définie. ne peut pas être esquissé de manière satisfaisante ; cependant, comme l'eau en mouvement doit être représentée en peinture, elle doit être longuement et minutieusement contemplée par l'artiste, et son caractère général - qu'il saute dans le ruisseau, coule dans la rivière, rugisse dans la cataracte, déferle dans l'océan ou lèche le fleuve. rivage - observé et réfléchi, et après que l'œil et la mémoire soient tous deux suffisamment entraînés et que l'âme même de l'artiste soit saturée, pour ainsi dire, de ce seul sujet et qu'il sente tout son calme et son calme, il doit se retirer sur le rivage. l'intimité de son atelier et avec le soleil du petit matin pour réjouir son esprit, tente de reproduire le mouvement du flux ; non pas en copiant ce qu'il a vu, car l'effet serait raide et rigide, mais en symbolisant selon certaines lois ce qu'il ressent et se souvient.

Dans le travail de cet enfant, il y a certaines directions pour l'emploi du pinceau qui ne peuvent être apprises que par l'instruction orale et la démonstration du maître.

La planche XXXVIII a, 1 montre la méthode par laquelle les vagues sont reproduites, les cercles indiquant l'endroit où la brosse est tournée sur elle-même avant de se recourber à nouveau. Sur la même plaque (b), l'eau sans vague, l'eau peu profonde et l'eau de rivière avec courant sont indiquées respectivement en haut, au milieu et en bas. Dans la planche XXXIX a, nous avons les eaux mouvantes d'une mer intérieure ; en b, les eaux limitrophes d'un ruisseau ; dans la Planche XL , les vagues orageuses de l'océan.

Nous allons maintenant considérer un autre département unique de la peinture japonaise en relation avec les vêtements des êtres humains. Les lignes et les plis du vêtement peuvent être peints de dix-huit manières différentes selon ce que l'on appelle les dix-huit lois de la robe (EMON OUAIS HACHI AU REVOIR). Je mentionnerai chacune de ces lois dans son ordre et me référerai aux illustrations sur planches de celles-ci.

La ligne de fil de soie flottante (KOU KO YU SHI BYOU) (Planche XLI supérieure). Cette ligne a été introduite par l' école d'artistes Tosa il y a huit cents ans et est toujours en vogue depuis. C'est la ligne la plus pure ou standard et elle est réservée aux robes des personnages élevés. Le pinceau est tenu fermement et les lignes, faites comme des fils de soie tirés du cocon, sont exécutées avec un mouvement libre et ininterrompu du bras.

La ligne de ficelle Koto (KIN SHI BYOU) (Planche XLI inférieure). C'est une ligne d'une grande dignité et d'une rondeur uniforme du début à la fin. Il est réalisé en utilisant un peu plus la pointe du pinceau que dans la ligne de fil de soie et il ne doit y avoir aucune rupture ni pause jusqu'à ce qu'il soit terminé. Cette ligne est utilisée pour les sujets diagnostiqués.

Chasser les nuages et les conduites d'eau courantes (KOU UN RYU SUI BYOU) (Planche XLII supérieure). Celles-ci sont produites par un mouvement continu et ondulatoire du pinceau – une respiration, pour ainsi dire. De telles lignes sont généralement réservées aux vêtements des saints, des jeunes hommes et des jeunes femmes.

La ligne de fil de fer tendue (TETSU SEN BYOU) (Planche XLII inférieure). Il s'agit d'une ligne très importante , très employée par les artistes Tosa et utilisée pour les vêtements formels et rigoureusement fouillés des nobles de la cour, *des samouraïs,* PAS de danseurs et d'arbitres de matchs de lutte. Lorsque cette ligne est peinte, l'artiste doit avoir la sensation de sculpter sur du métal.

La ligne tête de clou et queue de rat (PARTIE TOI SOBI BYOU) (Planche XLIII supérieure). En réalisant cela, le trait commence avec la sensation de peindre et reproduit la nature dure d'une punaise, puis continue à représenter la queue d'un rat, qui grandit progressivement et magnifiquement moins.

La lignée de la noble de cour féminine ou *tsubone* (OUI JE BYOU) (Planche XLIII inférieure). Cette ligne et la précédente sont très utilisées pour les vêtements doux et gracieux des jeunes hommes et femmes et ont toujours été les préférées des peintres *Ukiyo e* .

La ligne des feuilles de saule (RYU YOU BYOU) (Planche XLIV supérieure). Cette ligne a toujours été très appréciée de toutes les écoles, et notamment des peintres Kano, et est utilisée indistinctement pour les déesses, les anges et les démons. Il est destiné à reproduire le sentiment de la feuille de saule, en commençant par une pointe fine, en gonflant un peu et en diminuant de nouveau.

La lignée des vers d'angle (KYU EN BYOU) (Planche XLIV inférieure). L'angleworm est d'une rondeur uniforme sur toute sa longueur et c'est avec ce sentiment ou *kokoromochi* qu'il faut le peindre, en prenant soin de dissimuler la pointe du pinceau le long de la ligne. Il s'agit d'une ligne la plus importante dans toutes les peintures en couleurs. En effet, là où il faut prendre beaucoup de soin avec l'image et où les couleurs doivent être appliquées avec le plus grand soin, c'est la ligne la meilleure et la plus préférée.

Le clou rouillé et la vieille ligne postale (KETSU TOI PARTIE BYOU) (Planche XLV supérieure). Cette ligne est peinte avec un pinceau dont la pointe est cassée. L' école d'artistes de Kano affecte particulièrement cette méthode de peinture au trait pour représenter des mendiants, des ermites et d'autres personnages similaires.

La lignée des graines de dattes (SAU GAI BYOU) (planche XLV inférieure). Cette ligne, destinée à représenter une succession continue de graines de dattes, est réalisée au pinceau palpitant et généralement utilisée dans les vêtements des sages et des savants célèbres.

La ligne de roseau brisée (SETSU RO BYOU) (Planche XLVI supérieure) est réalisé avec un pinceau plutôt sec et, comme son nom l'indique, doit être peint avec la sensation de reproduire des roseaux cassés. C'est une phrase destinée à inspirer la terreur, la crainte, la consternation et est utilisée pour les dieux de la guerre, FUDO *sama et* d'autres divinités.

La ligne de nœud noueux (KAN RAN BYOU) (Planche XLVI inférieure). Dans ce genre de peinture, le pinceau s'arrête de temps en temps et se retourne sur lui-même avec l'impression de produire les nœuds noueux d'un arbre. La ligne est souvent utilisée pour les fantômes, les images de rêve, etc.

La ligne d'eau tourbillonnante (SEN PITSU SUI MON BYOU) (Planche XLVII supérieure) est utilisé pour un travail rapide et reproduit le tourbillon du ruisseau. C'était une ligne préférée de Kyosai .

La ligne de suppression (GEN PITSU BYOU) (Planche XLVII inférieure) convient là où peu de lignes entrent dans la peinture de la robe. N'importe laquelle des dix-sept autres lignes peut être utilisée de cette manière. Les artistes Kano l'utilisaient beaucoup.

Brindille sèche ou vieille ligne de bois de chauffage (KO SHI BYOU) (Planche XLVIII supérieure) est généralement utilisé dans les robes des vieillards et réalisé par ce qu'on appelle le pinceau sec ; c'est-à-dire un pinceau avec très peu d'eau mélangée au *sumi*. Le coup doit être audacieux et libre pour être efficace.

La ligne des feuilles d'orchidées (RAN YAU BYOU) (Planche XLVIII inférieure). C'est une très belle méthode de peinture qui rappelle la forme gracieuse de la feuille d'orchidée ; la ligne est utilisée pour les robes des *geishas* et des beautés *(bijin)* en général.

La ligne des feuilles de bambou (CHIKU IF BYOU) (Planche XLIX supérieure). Ce style de peinture, qui vise à évoquer la feuille du bambou, était autrefois très en vogue en Chine. Les artistes japonais l'emploient rarement.

Le style mixte (KON BYOU) (Planche XLIX inférieure), dans lequel l'un des dix-sept styles précédents peut être employé à condition que le corps du vêtement soit d'abord posé en masse et que les lignes soient peintes ensuite pendant que le sumi ou la peinture est encore *humide* . Cela donne un effet satiné.

Il existe bien d'autres manières de peindre les lignes du vêtement mais les dix-huit lois précédentes donnent les méthodes strictement classiques connues de l'art oriental.

Les parangons d'orchidées, de bambous, de prunes et de chrysanthèmes (RAN CHIKU BAI KIKU) sont appelés en nature les Quatre Parangons. Bien qu'il s'agisse des premières études enseignées , ce sont généralement les dernières matières maîtrisées. De nombreuses connaissances et recherches ont été consacrées à leur sujet en Chine et au Japon. Un artiste qui peut peindre DU SHI KUN SHI est un maître du pinceau. J'indiquerai quelques-unes des lois applicables à chacun de ces sujets.

L'orchidée pousse dans les recoins les plus profonds des montagnes, exhalant son parfum et déployant sa beauté dans le silence et la solitude, inaperçue et invisible ; Ainsi, quel que soit son environnement et accomplissant la loi de son être, il y a mille cinq cents ans, le poète et peintre San Koku l'a proclamé comme le symbole de la vraie noblesse et était donc un modèle. En poésie, on l'appelle le miroir de la jeune fille. De nombreux grands écrivains chinois ont pris l'orchidée (RAN) pour leur nom de plume, comme Ran Ya , Ran Tei , Ran Kiku et Ran Ryo.

La planche LII montre une orchidée en fleur. L'ordre établi des coups de pinceau pour les feuilles de est indiqué aux extrémités par des chiffres de un à onze ; celui de la tige florale et de la fleur par les numéros douze à vingt et un. Diverses formes sont évoquées dans la peinture de la plante et de la fleur et sont plus ou moins suggérées graphiquement. Ces formulaires sont indiqués par des numéros, comme suit :

Limbe n° 1 reproduit deux fois le ventre de la mante (22), la queue du rat (23), avec le nuage désir (BU UN) de la pointe (24). Feuille n° 2 est construit de la même manière mais est peint pour croiser la feuille No. 1, en laissant entre eux un espace (n° 25) appelé oeil d'éléphant. Feuille n° 3 est coupé par la feuille No. 4, renfermant un autre espace entre eux, connu sous le nom d'œil du phénix. Ajout des feuilles Nos. 5 et 6, appelés SEKI ou *kazari* , signifiant ornement, nous avons les parties les plus essentielles de la plante orchidée. Feuille n° 7 est connue sous le nom de queue et feuille de rat No. 8 comme le corps d'une jeune carpe. Nos. 9, 10 et 11 sont appelés têtes de clous, en raison de leur ressemblance imaginaire avec de tels objets. Avec ceux-ci, l'usine est structurellement complète.

Bambou, moineau et pluie. Planche VII.

La tige florale est divisée en quatre parties (n° 12 à 15), appelées gaines de riz. La fleur est composée de six traits (16 à 21), appelés abeille volante (26). Les trois points dans la fleur reproduisent le sentiment du caractère chinois signifiant cœur (23).

L'orchidée est diversement peinte, sortant du sol, sortant des rives d'un ruisseau ou accrochée par ses racines à une falaise rocheuse. En allusion aux endroits solitaires où il pousse, on l'appelle *I shiri no kusa* ou la plante que connaît le sanglier. On attribue à l'orchidée des propriétés médicinales et la fleur trempée dans le vin constitue une potion qui assure une santé perpétuelle. Le charme de l'amitié s'associe au parfum de l'orchidée et les fleurs sont portées par les dames de la cour pour conjurer les maladies.

Les feuilles du bambou sont vertes en toutes saisons. Les tiges sont droites et pointent vers le haut. La plante est belle dans toutes les conditions – luttant sous la neige hivernale ou attisée par la brise printanière, se balançant avec la tempête ou se courbant sous les averses – sa grâce défie l'admiration. Typique de la constance et d'une conduite honnête, cela a été revendiqué il y a plus de mille ans par Shumo . Shiku doit être un modèle.

Rien de plus difficile à peindre correctement que cette plante. <u>La planche LIII</u> montre le bambou avec ses composants essentiels et ses formes indiquées comme suit : La tige verticale est divisée en cinq subdivisions (1 à 5), chacune différant en longueur mais toutes suggérant le caractère chinois pour une personne (ichi) PEINTE DEBOUT . Ceux-ci sont séparés les uns des autres par des traits reproduisant les caractères chinois pour positivement (22), pour coeur (23), pour seconde (24), pour un (25), et pour huit (26). La tige (6 à 10) est composée de queues de rats. La manière de peindre et de combiner les feuilles du bambou s'appelle *take no ha no kumitata* et est minutieusement décrite et illustrée dans la grande œuvre de Ransai , *Gwa Fu*. Les incontournables sont : L'arrangement à cinq feuilles (GO YO) (11 à 15) avec l'ornement (16), appelé *kazari* . La disposition à trois feuilles (17 à 19) est appelée KO JI , de par sa ressemblance avec le caractère chinois KO (32). L'arrangement à deux feuilles (20 et 21) est appelé JIN JI , en raison de sa ressemblance avec le personnage JIN (33), un homme. Dans le développement ultérieur de la plante, les arrangements imitatifs suivants des feuilles sont utilisés : la queue de poisson (GYO BI) (27), la triple queue de poisson rouge (KINGYO BI) (28), la queue d'hirondelle (EN BI) (29), le caractère chinois pour bambou (CHIKU JI) (30) et l'arrangement à sept feuilles (SHICHI OUAIS) (31). On observera comment les nombres impairs ou positifs (YO) sont favorisés. La méthode continue est utilisée par les peintres Okyo .

Les artistes de Kano disposent d'un autre système pour combiner et élaborer la croissance des feuilles, mais il ne diffère pas radicalement de celui présenté ici. La feuille du bambou reproduit la forme du corps d'une carpe (34). Il ressemble également aux plumes de la queue du phénix . Une huile est fabriquée à partir du bambou et est considérée comme bonne pour les personnes colériques. De nombreux artistes adoptent le nom de bambou pour leur nom de plume ; témoin, Chiku Jo, Chiku Do, Chiku Sho , Chiku Den et autres.

On dit que la pleine lune projette l'ombre du bambou d'une manière qu'aucune autre lumière n'approche. Le savant Okubu Shibutsu l'a observé pour la première fois et cette découverte l'a amené à devenir le plus grand de tous les peintres de bambou. Chaque nuit, il traçait avec *Sumi* de telles ombres de bambou sur sa fenêtre en papier. Sho Hin , une artiste de Tokyo, jouit d'une réputation bien méritée pour la peinture du bambou. Elle fut l'élève de Tai Zan, un représentant de l'école chinoise à Kyoto. Les peintres de Kano ont beaucoup privilégié le sujet des sept sages dans la bambouseraie. L'herbe de bambou (SASSA) est très peinte par toutes les écoles. C'est très décoratif. Il y a un bambou mâle et une femelle ; à partir de ce dernier *(medake)* des flèches sont fabriquées. Les utilisations que l'homme fait du bambou sont étonnamment nombreuses, renforçant ainsi ses prétentions à être considérées comme un modèle.

Le prunier est le premier arbre à fleurir de l'année. Il a un parfum délicat . À mesure que le tronc de l'arbre vieillit, il renouvelle sa jeunesse et sa beauté chaque printemps avec des branches fraîches et vigoureuses remplies de bourgeons et de fleurs. Avec la vieillesse, l'arbre prend la forme d'un dragon endormi. À aucune autre fleur ou arbre ne sont associés des faits historiques et folkloriques plus beaux et plus pathétiques. Pour ces raisons et d'autres encore, Rennasei a attribué à la prune sa place de modèle il y a des siècles et des siècles.

Les branches d'arbres avec leurs entrelacs reproduisent l'esprit du caractère chinois désignant la femme, appelé JO JI (<u>Planche L</u> , n° 1). La fleur (2) est peinte selon le principe du IN YO , la partie supérieure de la ligne des pétales étant le côté positif ou YO et la partie inférieure étant le côté négatif ou INTÉRIEUR . Ceci est répété cinq fois pour les cinq pétales de la fleur (3). Les étamines (4) et les pistils sont des reproductions du caractère chinois SHO signifiant petit . Pour le calice (5), le caractère chinois pour clou de girofle (CHO) est invoqué.

Le grand érudit et noble Sugewara Michizane aimait particulièrement le prunier. Banni de sa maison, alors qu'il quittait ses terres, il s'adressa à cette sentinelle silencieuse de son jardin dans le vers suivant, qui lui a valu l'immortalité :

Toi, cher prunier, envoie ton parfum quand souffle le vent d'est ;

Et bien que ton maître ne soit plus là,

N'oubliez pas de toujours fleurir lorsque le printemps arrive.

Au Japon, la prune, bien qu'elle ne soit pas consommée crue, lorsqu'elle est salée, possède de merveilleuses propriétés de maintien de la force et, en temps de guerre, elle est utilisée comme *ume . boshi* un aliment concentré précieux.

Le chrysanthème est cultivé en Chine depuis quatre mille ans et sa renommée a été chantée par le poète et érudit To En Mei, qui le chérissait par-dessus tout sous le ciel et lui assignait le rang de parangon.

Quand toute la Nature se prépare au long sommeil de l'hiver et que les feuilles rouges, brunes et dorées de la forêt tombent, sans esprit, sur le sol, le chrysanthème sort de terre dans des couleurs fraîches et rayonnantes. Cela réjouit le cœur dans la triste saison de l'automne. Ses pétales groupés, tous unis et jamais dispersés, symbolisent la famille, l'État et l'Empire. Depuis six cents ans, le chrysanthème à seize pétales est l'emblème de la souveraineté impériale du Japon. Chez les artistes, cela a toujours été un sujet floral préféré. Il existe d'innombrables façons de le peindre.

La planche LI montre la fleur et les feuilles de chrysanthème peintes à la manière d' Okyo . Il existe un ordre établi dans lequel les feuilles doivent être exécutées. Vu de face (n° 1 et 2), l'ordre du coup de pinceau est celui indiqué sur la plaque ; vu de côté, le pinceau est appliqué dans l'ordre indiqué aux Nos. 4 et 5. La fleur (6 et 7) est constituée à partir du bourgeon (5), des pétales étant ajoutés selon l'effet recherché. La fleur à moitié ouverte est représentée au No. 6, et entièrement ouvert au No. 7. Le calice reproduit quelque peu le caractère écrit chinois CHO . Les peintres de Kano ont une manière différente de peindre les feuilles et les fleurs de chrysanthème, mais la suite illustre les principes généraux en vigueur dans toutes les écoles. Korin a peint le KIKU d'une manière très différente de celle de tout autre artiste. Le mot KIKU est chinois, le mot japonais pour la fleur étant *kawara. yomogi* . Les artistes de Nagoya ont toujours été particulièrement habiles à peindre le chrysanthème d'une manière exceptionnellement engageante. La petite fleur ressemblant à une marguerite s'appelle *mame-giku et* est une préférée de tous les artistes.

L'impression produite par celui qui entend pour la première fois énumérer ces diverses lois est peut-être que toutes ces méthodes pour obtenir des effets artistiques sont arbitraires, mécaniques et contre nature. Mais dans la pratique, l'artiste qui fait appel à leur aide constate qu'ils produisent invariablement des résultats agréables et satisfaisants. Il ne faut pas croire que de telles lois soient exclusives de toutes les autres méthodes de peinture dans le style japonais. Au contraire, l'artiste est libre d'utiliser toute autre méthode qu'il choisit à condition que le résultat soit artistiquement correct. Beaucoup de peintres ont inventé des méthodes qui leur sont propres, qui ne sont pas incluses dans l'énumération continue de ces lois des lignes, des points et des rebords, qui, il faut toujours le garder à l'esprit, ne sont là que pour aider l'artiste qui peut avoir des doutes ou des difficultés comme C'est une telle seconde nature pour lui de les employer qu'il le fait aussi inconsciemment qu'on invoque par écrit les règles de grammaire. On raconte qu'un grand homme d'État, à qui on demandait s'il était nécessaire pour un diplomate de connaître le latin et le grec, répondit qu'il lui suffisait bien de les avoir oubliés. Et ainsi de suite avec ces lois. Leur connaissance est une partie nécessaire de l'éducation de tout artiste japonais, car ils constituent le fondement même de l'art de la peinture orientale. L'écriture chinoise regorge de principes similaires ; c'est une loi applicable à un type d'écriture de ce type, appelé REI SHO , que dans chaque caractère il doit y avoir un trait qui commence par la tête d'un ver à soie et se termine par une queue d'oie. Cela peut aussi paraître étrange et forcé, mais cette loi donne un *cachet spécial et merveilleux* au personnage ainsi écrit.

Une certaine connaissance de ces principes et méthodes invoqués par les artistes ajoute beaucoup à notre vif plaisir de leur travail, tout comme l'analyse des accords d'une composition musicale augmente notre plaisir dans les harmonies qu'ils produisent. Ruskin a découvert dès les premiers temps de l'art l'utilisation fréquente de formes simples suggérées par le profil légèrement courbé et rebondissant du bourgeon foliaire qui, déclare-t-il, est d'une importance énorme même dans les chaînes de montagnes, lorsque la force de chute n'est pas suggérée, mais une force vitale. "Cette conclusion abstraite à laquelle les grands artistes du XIIIe siècle furent les premiers à arriver" (Ruskin's Mod. Painters, Vol. III), et même dans l'architecture des meilleures cathédrales, cet auteur décèle l'observance de la loi déterminant dans une feuille de lierre la disposition de ses parties autour d'un centre.

Dans l'art japonais, des formes simples fournies par la nature sont souvent utilisées pour suggérer d'autres formes, comme par exemple les pattes de cigogne pour les branches de pin, le dos de tortue pour les lignes d'écorce de pin, la queue de poisson pour les feuilles de bambou, l'œil d'éléphant dans le une plante d'orchidée, la forme de Fujiyama pour le front d'une belle femme et divers caractères chinois, à l'origine picturaux, esquissés dans des arbres, des fleurs et d'autres sujets. L'universalité de ces formes types sous-jacentes reconnues et appliquées par les artistes orientaux confirme le principe selon lequel, tant dans la nature que dans l'art, tout est uni par une chaîne commune ou *commun vinculum* attestant l'harmonie entre les choses créées. Une peinture japonaise exécutée à l'aide de telles ressources regorge de force vitale et de suggestion et, aux yeux d'un connaisseur (*kuroto*) , elle devient un microcosme respirant.

Pour donner une idée de l'ordre dans lequel les éléments constitutifs d'un objet sont peints selon les règles japonaises, toujours rigoureusement respectées, des fleurs comme le chrysanthème et la pivoine sont commencées en leur point central et construites de l'intérieur vers l'extérieur, les pétales étant ajoutés pour augmenter la taille à mesure que la fleur s'ouvre. Dans un sujet floral, les fleurs sont peintes en premier ; les bourgeons viennent ensuite

; puis la tige, les tiges, les feuilles et leurs nervures , et enfin les points appelés *chobo Chobo* .

L'ordre établi pour la figure humaine est le suivant : Nez et sourcils, yeux, bouche, oreilles, côtés du visage, menton, front, tête, cou, mains, pieds et enfin le corps habillé. Dans l'art japonais, la figure nue n'est jamais peinte.

Dans un arbre, l'ordre est le tronc, les branches centrales et latérales (Planche XXI) , les branches et leurs subdivisions, les feuilles et leurs nervures et les points.

Chez les oiseaux : Le bec en trois coups (DIX, CHI, JIN), l'œil, la tête, la gorge et la poitrine, le dos, les ailes, le corps, la queue, les pattes, les griffes, les ongles et le globe oculaire (Planche XXII) .

Dans les travaux paysagers, la règle générale est de peindre en premier ce qui est le plus proche et en dernier ce qui est le plus éloigné. La méthode de Kubota consistait à faire tout cela rapidement et, si possible, en plongeant un pinceau bien arrosé dans le *sumi,* de sorte qu'à mesure que le *sumi* se dilue et s'épuise progressivement , l'effet approprié de premier plan, de demi-fond et de perspective lointaine soit obtenu.

En peignant des chaînes de montagnes qui se dessinent les unes derrière les autres, le même processus est suivi, et les montagnes, lorsqu'elles disparaissent à droite ou à gauche du tableau, devraient avoir tendance à s'élever. Ce principe est appelé BO UN ou désir des nuages.

Il est inutile d'énumérer ici les nombreuses fautes contre lesquelles les étudiants en art sont prévenus. Il suffit de dire que le nombre est énorme. Parmi les nombreuses formules chinoises, je n'en citerai qu'une, connue sous le nom de SHI , BYO ou les quatre fautes, et est la suivante :

OUI, KAN , ZOKU , RAI. OUI fait référence à une tentative d'originalité dans un tableau sans capacité à lui donner du caractère, s'écartant de toute loi pour produire quelque chose d'irréductible à aucune loi ou principe. KAN ne produit qu'un effet superficiel et agréable, sans aucune *puissance* dans le coup de pinceau – une peinture sans caractère pour charmer uniquement les ignorants. ZOKU fait référence au défaut de la peinture uniquement pour des raisons mercenaires, c'est-à-dire penser à l'argent plutôt qu'à l'art. RAI est l'imitation de base, la copie ou le crèche d'autrui.

CHAPITRE CINQ.
CANONS DE L'ESTHÉTIQUE DE LA PEINTURE JAPONAISE

L'un des principes les plus importants de l'art de la peinture japonaise — en fait une caractéristique fondamentale et tout à fait distinctive — est ce qu'on appelle le mouvement vivant, BE DO ou *kokoro mochi,* c'est-à-dire la transfusion dans l'œuvre du feutre. nature de la chose que l'artiste doit peindre. Quel que soit le sujet à traduire – rivière ou arbre, rocher ou montagne, oiseau ou fleur, poisson ou animal – l'artiste, au moment de peindre, doit ressentir sa nature même, que, par la magie de son art, il transfère dans son œuvre reste pour toujours, affectant tous ceux qui la voient avec les mêmes sensations qu'il a éprouvées lors de son exécution.

Il ne s'agit pas d'un principe imaginaire mais d'une loi strictement appliquée de la peinture japonaise. L'étudiant est sans cesse exhorté à l'observer. Si son sujet est un arbre, il est invité, lorsqu'il le peint, à ressentir la force qui traverse les branches et soutient les membres. Ou s'il s'agit d'une fleur, pour essayer de ressentir la grâce avec laquelle elle s'étend ou courbe ses fleurs. En fait, rien n'est plus constamment rappelé à son attention que ce grand principe sous-jacent, qu'il est impossible d'exprimer dans l'art ce qu'on ne sent pas d'abord. Les Romains enseignaient à leurs acteurs qu'ils devaient d'abord pleurer s'ils voulaient faire pleurer les autres. Les Grecs ont certainement compris le principe, sinon comment ont-ils réussi à investir d'une vie impérissable leurs créations en marbre ?

Au Japon, le plus grand compliment adressé à un artiste est de dire qu'il peint avec son âme, son pinceau suivant les dictats de son esprit. Les peintres japonais répètent fréquemment la recette :

Waga kokoro oser te wo yaku

Waga te oser kokoro Non Ozuru .

Notre esprit doit faire de notre main sa servante ;

Notre main doit répondre à chaque ordre de notre esprit.

On enseigne à l'artiste japonais que même avant de placer un point dans le globe oculaire d'un tigre, il doit d'abord ressentir le caractère sauvage, cruel et félin de la bête, et ce n'est que sous cette influence qu'il doit appliquer le pinceau . Lorsqu'il peint une tempête, il doit à ce moment réaliser qu'il passe sur lui par la tornade même qui arrache les arbres de leurs racines et les maisons de leurs fondations. S'il représente le littoral avec ses falaises et ses eaux en mouvement, au moment de mettre en scène les rochers liés par les vagues, il doit sentir qu'ils sont placés là pour résister au mouvement le plus violent de l'océan, tandis que les vagues à leur tour, il doivent donner un pouvoir irrésistible pour tout emporter devant eux ; Ainsi, par ce sentiment appelé mouvement vivant (SEI DO), la réalité est communiquée à l'objet inanimé. C'est l'un des merveilleux secrets de la peinture japonaise, transmis par les grands peintres chinois et basé sur les principes psychologiques de la matière sensible à l'esprit. Chikudo , le célèbre peintre de tigres (planche VI) , a étudié et réfléchi si longtemps sur l'expression sauvage dans l'œil du tigre afin d'en reproduire la férocité qui, raconte-t-on, fut à un moment donné mentalement déséquilibré, mais ses peintures de tigres sont inimitables. Ils illustrent CE QU'IL FAUT FAIRE.

De ce qui précède, on comprendra pourquoi, dans une peinture japonaise, tant de valeur est attachée à la force avec laquelle les coups de pinceau sont exécutés *(fude no chicara)*, aux différentes lumières et nuances du *sumi* . (BOKU SHOKU), à leur jeu et leur éclat *(tsuya)*, et à la manifestation de la puissance de l'artiste selon le principe du mouvement vivant (SEI DO). Dans une peinture européenne, de telles considérations n'ont pas leur place.

Une peinture à l'huile peut être effacée et refaite encore et encore jusqu'à ce que l'artiste soit satisfait. Une peinture *au sumi* ou à l'encre doit être exécutée une fois pour toutes et sans hésitation, et aucune correction n'est permise ou possible. Tout coup de pinceau sur du papier ou de la soie peint une seconde fois entraîne une tache ; la vie l'a quitté. Toutes les corrections s'affichent lorsque l'encre sèche.

Les artistes japonais ne se limitent pas à la représentation littérale des choses vues. Ils ont un canon, appelé *esoragoto* , qui signifie littéralement une image inventée, ou une image dans laquelle certaines fictions d'invention sont peintes.

Toute peinture, pour être efficace, doit être *esoragoto ;* c'est-à-dire qu'il doit y entrer certaines libertés artistiques. Il ne doit pas tant s'agir de reproduire la chose exacte que son sentiment, appelé *kokoro mochi,* qui est l'esprit mouvant de la scène. Il ne doit pas s'agir d'un fac-similé.

Quand nous regardons un tableau qui nous plaît, quelle est la cause ou la source de notre satisfaction ? Pourquoi une telle peinture nous donne-t-elle souvent plus de satisfaction que la scène elle-même qu'elle évoque ? C'est en grande partie à cause de *l'esoragoto* ou du mélange de l'invention (l'irréalité artistique) avec la réalité non artistique ; la manipulation ou le traitement poétique de ce qui se trouve dans l'original peut, à certains égards, être banal.

sumi correctement exécutée, appelée *sumi e*, est essentiellement une fausse image en ce qui concerne la couleur, dans laquelle tout ce qui n'est pas noir est représenté. Par conséquent, les peintures *sumi* de paysages, de fleurs et d'arbres sont fausses quant à la couleur, et l'art consiste à faire en sorte que les choses ainsi représentées semblent à l'opposé de ce qu'elles semblent et font ressentir le sentiment de couleur à travers un médium qui ne contient aucune couleur. C'est *Esoragoto* .

On raconte qu'Okubo Shibutsu , célèbre pour peindre du bambou, fut chargé d'exécuter un *kakemono* représentant une forêt de bambous. Consentant, il peignit avec toute son habileté connue un tableau dans lequel tout le bosquet de bambous était en rouge. Le patron, dès sa réception, s'émerveilla de l' extraordinaire habileté avec laquelle le tableau avait été exécuté, et, se rendant à la résidence de l'artiste, il dit : « Maître, je suis venu vous remercier pour le tableau ; mais excusez-moi, vous avez peint le bambou en rouge. "Eh bien, s'écria le maître, de quelle couleur le désireriez-vous ?" "En noir, bien sûr", répondit le patron. "Et qui," répondit l'artiste, "a jamais vu un bambou à feuilles noires ?" Cette histoire illustre bien *l'esoragoto* . Les Japonais sont tellement habitués à associer la vraie couleur à ce que représente le *sumi* que non seulement la fiction est autorisée à cet égard, mais en réalité elle passe inaperçue lorsqu'elle n'est pas utilisée. Dans une peinture de paysage , on introduit fréquemment des effets qu'on ne retrouve pas dans la scène esquissée. Le faux ou le fictif s'ajoute pour accentuer l'effet. C'est *l'esoragoto* — le départ privilégié, le faux rendu vrai. Dans un paysage, un arbre occupe souvent une place malheureuse ou il n'y a aucun arbre dont sa présence augmenterait l'effet. Ici, l'artiste le supprimera ou l'ajoutera, selon les nécessités du traitement. Tous les paysages ne sont pas améliorés par des arbres ou des plantations ; et, en effet, chaque vue contenant des arbres ne constitue pas non plus une scène type pour le traitement du paysage. Ainsi, certaines libertés sont accordées à l'artiste à condition que l'effet soit agréable et satisfaisant et qu'aucune probabilité ne paraisse violée. C'est *Esoragoto* . Horace l'a bien compris et l'érige comme un principe fondamental de l'art : « *Quid libet audendi* » . L'artiste verra souvent d'un point de vue impossible dans la nature, mais si le résultat est agréable, la liberté lui est accordée. Sesshu , l'un des plus grands peintres paysagistes du Japon, de retour dans son propre pays après avoir étudié quelques années en Chine, peint son village natal avec son temple et ses bosquets de temples, sa rivière sinueuse et sa pagode ou sa tour à cinq toits. Son attention étant ensuite attirée sur le fait que dans ce village il n'y avait ni tour ni pagode, il déclara qu'il devait y en avoir une pour que le paysage soit parfait, et là-dessus il fit construire la tour à ses frais. Il avait inconsciemment peint dans la pagode. C'était *Esoragoto* .

Il n'y a personne au monde qui ait une idée plus élevée de la dignité de l'art que les Japonais et c'est un principe chez eux que toute peinture digne de ce nom doit refléter cette dignité, témoigner de sa propre valeur et donc à juste titre. impressionnez de sentiments d'admiration ceux à qui il peut être montré. Cette noblesse, élévation ou valeur intrinsèque est connue dans leur art sous le terme KI IN. Sans cette qualité, la peinture, considérée artistiquement et jugée de manière critique, doit être considérée comme un échec. Une telle image peut être parfaite ; en proportion et en design, avec une force de pinceau correcte et une palette de couleurs impeccable ; il se peut qu'il soit conforme aux principes de IN YO et DIX, CHI, JIN ou ciel, terre et homme ; il a peut-être scrupuleusement observé toutes les règles des lignes, des points et des rebords et pourtant, si CELA NE suffisait pas, le tableau a échoué en tant qu'œuvre d'art véritable. Qu'est-ce que cette chose subtile appelée KI IN ?

Au cours de nos diverses expériences de vie, nous avons tous rencontré des hommes et des femmes nobles dont les caractères magnifiques et élevés nous ont impressionnés dès le moment où nous avons été mis en relation avec eux. La même qualité qui nous affecte ainsi chez les personnes est ce que les Japonais entendent par KI dans un tableau. C'est ce quelque chose d'indéfinissable qui, dans toute grande œuvre, suggère l'élévation du sentiment, la noblesse de l'âme. Dès les premiers temps, les grands écrivains d'art de Chine et du Japon ont déclaré que cette qualité, cette manifestation de l'esprit, ne peut être ni transmise ni acquise. Cela doit être inné. C'est, pour ainsi dire, une graine divine implantée dans l'âme par le Créateur, pour s'y déployer, s'étendre et s'épanouir, testant sa demeure cachée avec plus ou moins de charme selon la vie passée, les grands principes adhérés et les idéaux réalisés. C'est ce que les Japonais entendent par KI IN. Cela rejoint, je crois, ce que les Romains entendaient par *divinus aflatus* , ce souffle divin et vital, cette émanation de l'âme, qui vivifie et ennoblit l'œuvre et la rend immortelle. Et c'est un commentaire frappant sur la vie artistique au Japon que de nombreux grands artistes des écoles Tosa et Kano, au milieu de leur vie active, se retirèrent du monde, se rasèrent la tête et, prenant le rang titulaire de HOGEN , HOIN ou HOKYO , devenaient prêtres bouddhistes et entraient dans les monastères, pour y passer leurs jours restants, partageant leur temps entre la méditation et le travail inspiré pour laisser en mourant non seulement des noms impeccables mais des monuments impérissables élevés à l'honneur et à la gloire de l'art japonais.

CHAPITRE SIX.
SUJETS DE PEINTURE JAPONAISE

(GWA AUJOURD'HUI)

Un artiste japonais ne peindra jamais de lui-même une fleur hors saison ou un paysage printanier en automne ; la convenance des choses l'influence insensiblement. Depuis l'Antiquité, certains principes ont déterminé le choix de ses sujets, selon soit la période de l'année, soit les fêtes, cérémonies, divertissements ou autres événements qu'il peut être appelé à commémorer. Tous ces sujets sont appelés GWA AUJOURD'HUI . Comme celui qui ne les connaît pas ne peut pas apprécier grand-chose d'intéressant sur les coutumes artistiques au Japon, nous y ferons une brève référence, en commençant par les sujets adaptés aux différents mois de l'année :

Janvier—Pour le jour de l'An (SHO GWATSU GWAN JITSU) les sujets favoris sont « le soleil qui se lève au-dessus de l'océan », appelé *hi no de ni nami* (planche LIV n ° 1); « Mont Horai » (2), « le soleil avec les cigognes et les tortues » (3, 4, 5) ; ou " Fukokuju ", [pg 85] un dieu de la chance. De nombreuses significations sont associées à ces sujets. Le soleil ne change jamais et l'océan change constamment, c'est pourquoi VOUS ÊTES symbolisé. Le soleil, l'océan et l'air ambiant symbolisent DIX CHI JIN ou l'univers. Horaï (SAN) est un symbole pour le Japon. C'est la haute montagne sur une île légendaire dans la mer lointaine, mentionnée dans les premiers écrits chinois, habitée par des sages (SEN NIN), et contenant le pin, le bambou et le prunier (connus dans l'art sous le nom de SHO , CHIKU , BAI), le pin représentant la longévité, le bambou la rectitude et la fleur de prunier le parfum et la grâce. La cigogne et la tortue, dont le dos est recouvert d'algues, symbolisent toutes deux la longue vie, l'ancien dicton disant que la cigogne vit mille ans et la tortue dix mille ans *(tsuru quoi* SEN NEN , *je suis venu* UN) . Fukurokuju est l'un des sept dieux de la chance, dont le nom signifie bonheur, richesse et longue vie. Le jour du Nouvel An sont suspendus de part et d'autre de son tableau des sujets en bambou et en prune (Planche LV , 1, 2, 3). Le nom de ce dieu jovial est parfois joyeusement interprété par un triple *kakémono* (SAN BUKU TSUI) : Celui du milieu est le soleil et les vagues, pour une longue vie (JU) ; à droite, des grains de riz, pour la richesse (ROKU), et à gauche la fleur du cotonnier, pour le bonheur (FUKU), car sa corolle est dorée et son fruit argenté, l'or et l'argent suggérant la félicité (Planche LVI , 1, 2, 3). Cela fait une charmante combinaison. Une excursion dans les domaines de la philologie chinoise en relation avec le nom de ce dieu de la chance dévoilerait une merveilleuse image de mots. Tracé jusqu'à leurs débuts hiéroglyphiques, FUKU signifie les bénédictions du ciel ; ROKU , rang, commémoré par la sculpture, et (JU) , activités agricoles, associées aux cheveux blancs.

Une image particulièrement appropriée pour cette saison de grandes festivités est appelée « le pin à la porte ». (*kado matsu*). Il commémore la coutume, le premier jour de l'année, de planter des pins à l'entrée des bâtiments publics et des résidences privées japonaises. À la corde (*shimenawa*) (planche LV , 4) sont suspendues des bandes de papier blanc (*gohei*) symbolisant la pureté de l'âme ; ceux-ci sont suspendus en groupes de trois, cinq et sept, la série de nombres impairs ou chanceux associés au principe positif ou masculin (YO) de IN YO . Un autre sujet approprié pour ce début de saison sont les galettes de riz *(mochi)* en forme de soleil et de pleine lune (planche LV , 5). Sur la photo le fruit appelé *dai dai* est placé sur le dessus des galettes de riz, le mot DAI signifiant âges, donc associé à la longévité. A la base du support se trouve une crevette (*ebi*). Cela suggère également une vieillesse car la crevette est pliée en deux. La feuille du *yuzuri* est introduite car c'est un mot de bon augure qui signifie succession. L'image d'une porte de combat et d'un volant (*hagoita*) est également appropriée pour le Nouvel An car elle commémore l'ancienne pratique des Japonais s'adonnant à ce passe-temps ce jour-là (Planche LVI , 4).

En janvier, une image très populaire pour l'alcôve (*tokonoma)* est le trésor , appelé *takarabune* (planche LVI , 5). Le navire qui navigue vers le port est lourdement chargé de tous les divers outils et ustensiles typiques d'une grande richesse que l'on trouve dans le grand sac de Dai Koku, un dieu japonais de la chance. Ce sont une balle, un marteau, des poids, des clous de girofle, du bronze argenté, ainsi que l'imperméable et le chapeau du dieu. Le soir du 2 janvier, si l' on met sous l'oreiller le tableau d'un trésor et qu'on rêve soit de Fujisan, soit d'un faucon, soit d'une aubergine, toute l'année il aura de la chance. On observera que sur la voile du bateau au trésor est inscrit le caractère chinois pour TAKARA , signifiant trésor. Le septième jour de janvier a lieu la première des cinq fêtes, appelée *go sekku* , et des sujets végétaux sont peints. Celles-ci sont appelées les sept herbes (*hotoke za* ou *nana kusa)* et comprennent le persil, la bourse à pasteur, le mouron, le siège du saint, le navet sauvage et le radis. Ils sont sensibles à la plupart des traitements artistiques et des conceptions ingénieuses et originales sont souvent développées (Planche LVII , 6).

Février — Le coq et la poule, avec la branche de prunier en herbe, sont désormais de mise. Le sujet est connu sous le nom de « prune et poulets » (*euh ni tori)* (Planche LVII , 1). Le poulet figure dans l'histoire la plus ancienne du Japon. Quand le coq chante, les Japonais entendent les mots KOKKA KOO , qui, traduit phonétiquement en caractères chinois, signifie « bonheur pour tout notre pays ». Les Chinois entendent différemment. Pour eux, le coq chante le ko MORT , ce qui signifie « les cieux orientaux rougissent », alors pour eux, le coq annonce le petit matin. Des peintures célèbres de poulets proviennent des pinceaux d' Okyo , de Tessan (planche III) et d'autres de l'école Maruyama. En février, le mois de la prune , les peintures appropriées sont celles de cette fleur et de la paruline japonaise *(ume Non uguisu)* (Planche LVII , 2). Cet oiseau chanteur annonce le printemps avec ses notes mélodieuses (HOHO KEKYO), qui, rendus par les bouddhistes en caractères chinois, donnent le nom du livre principal des dix-huit volumes de Shaka , intitulé « la merveilleuse loi du lotus ». Une autre photo adaptée au mois de février est connue sous le nom de « la dernière neige ». *(zan setsu)* (Planche LVII , 3).

Mars—Ce mois est associé à la fleur de pêcher et *au kakémono* des jardins contenant des pêchers, appelé *momo no* FR (Planche LVII , 4), sont en faveur. On raconte que Toba Saku a vécu huit mille ans en subsistant du fruit de la pêche ; La fleur de pêcher est donc un symbole de longévité et *le saké* fabriqué à partir de ce fruit est bu dans tout le Japon en mars. L'UN des écrits en prose les plus célèbres de la littérature chinoise est LE RANTEI. KIOKASUI . _ Il commémore un passe-temps des érudits, appelé « la coupe *à saké* ». Une manière privilégiée d'interpréter ce sujet est de peindre un jardin de pêchers en fleurs et de bananiers étalés bordant un ruisseau, avec un noble attachant à une branche de pêcher un papier étroit (tanjaku) sur lequel il a ÉCRIT UN POÈME . Une autre célèbre composition en prose chinoise, « La fête du jardin des pêches et des abricots », écrite par Ri Tai Haku à l'âge de quatorze ans, est interprétée en représentant Toba Saku dans un jardin assis devant une table, avec trois beautés chinoises à ses côtés. , avec des érudits et des sages célèbres circulant au milieu des fleurs et des fleurs. Cinq fêtes principales de l'année, connues sous le nom de *go sekku* , ont lieu respectivement le septième jour de janvier, le troisième jour de mars, le cinquième jour de mai, le septième jour de juillet et le neuvième jour de septembre, toutes étant impaires. jours des mois impairs (le YO de IN YO). Le troisième jour du troisième mois a lieu le festival *hina matsuri* pour les jeunes filles, et la peinture appropriée pour l'occasion s'appelle *kami bina* , signifiant poupées en papier (Planche LVII , 5). Les plus grands artistes japonais du passé ont tenté de rendre superbe leur traitement de ce sujet. À la naissance d'une fille, un tableau *kami bina* est offert à la famille pour contribuer aux festivités. Le mois dc mars esl le mois de la fleur de cerisier *(sakura). bana)*, et l'image de la planche LVIII , 1, illustre une méthode de peinture de cerisiers ornant le flanc d'une montagne d'un canyon, à travers lequel coule une rivière. Au mois de mars, des pique-niques se déroulent sur la plage à marée basse pour ramasser des coquillages. Le sujet illustré sur la planche LVIII , 2, appelé marée descendante *(shio hi)*, est approprié. Le tableau de la jeune fille Saohime (Planche LVIII , 3) est également peint en mars.

Avril—La fleur de glycine *(Juji)* est associée au quatrième mois et tous les paysages d'avril représentent les arbres couverts de beaucoup de feuillage. Un petit oiseau appelé *sudachi dori* , éclos ce mois-ci, est souvent peint sur la branche de glycine (<u>Planche LVIII</u> , 4). L'image est typique de l'affection parentale, en raison de la sollicitude connue de la mère oiseau pour ses petits.

Mai—Il existe de nombreux sujets appropriés pour le mois de mai. L'iris (*shobu*) (<u>planche LVIII</u> , 5) fait maintenant son apparition. Ses feuilles à long limbe sont en forme d'épée, la plante symbolise donc l'esprit guerrier (*bushi*). L'iris est souvent planté sur le toit d'une maison pour indiquer qu'il y a des enfants de sexe masculin dans la famille. Le sujet du coucou et de la lune (*tsuki Non hototogisu*) (<u>Planche LVIII</u> , 6) est spécial ce mois-ci. Le 5 mai est la fête des garçons, et la carpe *(koi)* (<u>Planche LIX</u> , 1) est le sujet favori de la peinture. Mai est le mois des pluies au Japon. On raconte qu'une carpe est montée au sommet de la cascade RYU AU COURS DE CE MOIS. MON en Chine et est devenu un dragon. La carpe symbolise ainsi le triomphe de la persévérance – la conquête des obstacles – et symbolise l'esprit militaire. Lorsque ce poisson est capturé et sur le point d'être découpé vivant pour *le sasshimi* , un mets japonais délicat, une fois que le sculpteur a passé le côté plat de la lame du couteau sur le corps du poisson, le *koi* devient immobile et, avec un courage héroïque, se soumet à être tranché. à la colonne vertébrale. Servi dans un plat, quelques gouttes de *soja* étant placées dans son œil, il bondit vers le haut dans une dernière lutte, pour s'effondrer en plusieurs morceaux. Lorsqu'un enfant de sexe masculin naît, un cadeau approprié pour la famille est un *kakémono carpe*. Le cinquième jour du cinquième mois est l'anniversaire de la grande victoire des Japonais sur Kublai Khan, qui, avec une énorme flotte de navires chinois, tenta d'envahir le Japon au XIIIe siècle.

Juin—en ce mois chaud, le GWA LE SUJET DU DAI ou de l'image est des cascades (<u>planche LIX</u> , 2), bien qu'il soit tout à fait permis, en raison de la chaleur de l'été, de suggérer des sensations de fraîcheur en peignant des scènes de neige avec des corbeaux (SETCHU *Non karasu*) pour un contraste de couleurs (<u>Planche LIX</u> , 3). Tous les tableaux peints au cours du mois de juin doivent suggérer des sensations ombragées et rafraîchissantes. Un sujet charmant et favori est l'eau qui coule à travers un tuyau de bambou ouvert et qui tombe au milieu d'une végétation luxuriante dans un bassin en contrebas, où se baigne un petit oiseau. Cette image est techniquement connue sous le nom de *kakehi* (<u>Planche LIX</u> , 4).

Juillet — Au cours de ce mois, parmi les sujets floraux, celui des sept herbes d'automne (*aki no nana kusa)* (<u>planche LIX</u> , 6), composé du trèfle des buissons, du rose sauvage, de la gloire du matin, et cetera. C'est ce qui est le plus difficile à peindre, à cause de l'extrême délicatesse requise dans le maniement du pinceau, mais un artiste habile peut produire des effets des plus intéressants. Toutes sortes d'insectes aux formes merveilleuses ainsi que des oiseaux au plumage brillant sont autorisés sur la photo. Le septième jour de juillet est connu comme la fête des étoiles, et *Kengyu* , le swain, et *Orihime* , la jeune fille, sont peints. Juillet est un mois consacré aux cérémonies bouddhistes. Des saints, des sages, les cinq cents disciples rakkan de Shaka et les seize rakkans sont peints. Il existe deux autres sujets appropriés, connus sous le nom de *Tanabata* (Planche LIX , 5) et *Nazunauchi* (Planche LXIV , 4).

Août — Le premier grain de l'année est désormais offert aux dieux. Une charmante façon de commémorer cela est par la peinture intitulée Riz empilé et moineaux *(inamura Non suzume)* (Planche LX , 1). Le lapin et la lune, appelés *Tsuki Non usagi* (Planche LX , 2), car le lapin est vu dans la lune en train de préparer des galettes de riz, et le tableau connu sous le nom de *meggetsu* (Planche LX , 3) commémore également l'offrande des produits de la terre à la divinité de la lune. Comme la brume abonde en août, des paysages à moitié cachés par la brume sont peints. L'artiste de Kano, Tanyu , s'est beaucoup penché sur de telles scènes, qui suggèrent la tranquillité du soir. De tels sujets sont connus sous le nom de pluies de brume *(ugiri)* (Planche LX , 4). Les Japonais ont leur femme sur la lune, nommée Joga . Cette charmante créature s'étant procurée et bu de l'ambroisie des ermites *(sennin)* serait entrée sur cette planète. L'image est captivante (Planche LX , 6), la partie supérieure du corps de Joga se trouvant dans le disque lunaire et la partie inférieure dans des nuages laineux.

Septembre : le neuvième jour du neuvième mois est la fête du chrysanthème (KIKU NO SEKKU), où *l'on boit du saké* à base de chrysanthème. Kiku Jido , un jeune de la cour, ayant touché par mégarde du pied l'oreiller de l'empereur, fut banni dans une île lointaine où, dit-on, il se nourrit de la rosée des chrysanthèmes qui y abondait. Devenu ermite, il vécut mille ans. Les photos saisonnières de ce mois commémorent cet événement ou reproduisent le chrysanthème jaune et blanc. (Planche LXI , 1). Les herbes aquatiques et la libellule *(mizukusa) sont appropriées en septembre. Non tombo)* (Planche LXI , 5). Tatsuta hime (Planche LXI , 2) est également peint. Elle est la divinité de l'automne, associée aux couleurs brillantes, chaudes et resplendissantes de la saison automnale, et est toujours représentée dans des teintes magnifiques. Photos des cerfs et des premiers érables *(hatsu mamanji Non shika)* (Planche LXI , 3) sont désormais appropriées. Une photo d'automne préférée s'appelle *Kinuta uchi* , ou le battage, sur un bloc, de coton filé à la maison pour lui donner de l'éclat . Une pauvre paysanne et son enfant sont tous deux occupés à la tâche sous les rayons de la pleine lune (Planche LXIV , 4). On dit que le bruit des coups sur le bloc suggère des sentiments de tristesse. Il existe une loi pour peindre de telles scènes au clair de lune selon laquelle aucune couleur rouge ne doit être introduite, car le rouge n'apparaît pas au clair de lune (GEFKA *Non* KO SHOKU *nashi).*

Fujiyama de Tago no Ura , de Yamamoto Baietsu . Planche VIII.

Octobre — Ce mois-ci, les oies venant des régions froides et traversant la nuit la face de la lune sont un sujet de prédilection, connu sous le nom de *tsuki. Non* GAN (Planche LXI , 4). D'autres sujets sont les « fruits d'automne » *(aki no mi)* (Planche LXI , 5), châtaignes, kakis, raisins et champignons ; singes et kakis *(saru ni kaki)* (Planche LXI , 6) ; écureuil et raisins (RISU *Non* BUDO) (Planche LXII , 1) ; et le pin à feuilles persistantes *(kayenu matsu),* suggérant la constance (Planche LXII , 2)

Novembre : mois sacré pour Evesco , l'un des dieux joviaux de la chance (Planche LXII , 3). Il fut le premier commerçant, son stock étant le poisson TAI . Il est le dieu préféré des marchands qui, durant ce mois, célèbrent sa fête. Evesama est généralement représenté revenant de la pêche avec un TAI sous le bras. Les artistes Kano privilégient particulièrement ce sujet. Un autre tableau charmant, dit « le dernier des chrysanthèmes » (ZAN KIKU) (Planche LXII , 4), suggère l'approche de la fin de l'année. La manière classique de représenter ce sujet consiste à représenter de petits chrysanthèmes jaunes accrochés à une clôture en bambou éparse, avec quelques-unes de leurs feuilles qui ont commencé à virer au pourpre. Une autre photo de novembre est « la première neige » *(hatsu yuki)* (Planche LXII , 5). Deux chiots gambadent dans la neige qui tombe pour la première fois. On dit qu'aucun animal ne se réjouit comme le chien lorsqu'il voit les premières chutes de neige de l'hiver. Neige, dit un proverbe, est la grand-mère du chien *(yuki quoi inu pas d'obasan).* Okyo et Hokusai ont fréquemment peint ce sujet. *Hatsu Yuki* est parfois représenté par un peu de neige sur le pin ou le bambou dans un paysage. Cela produit une scène très solitaire (*samushii*) . Les artistes de Kyoto aiment beaucoup peindre au mois de novembre le sujet d'une paysanne descendant du village montagnard d'Ohara portant sur sa tête un fagot de brindilles de bois de chauffage, dans lequel elle a coquettement inséré une branche de feuilles d'érable rouge. Cette image s'appelle *Oharame* (Planche LXII , 6). Les paysages représentant des averses de pluie intermittentes conviennent au mois de novembre et sont appelés *shigure* . C'est le mois de l' *oshi dori* (Planche LXIII , 1). Ces canards mandarins, mâles et femelles, en raison du contraste de leur forme et de leur plumage, constituent une image très frappante et préférée. Leur dévouement l'un envers l'autre est si grand qu'ils meurent s'ils sont séparés. Par conséquent, ces peintures symbolisent non seulement la fidélité conjugale, mais conviennent également comme cadeaux de mariage. Il existe deux autres espèces d'oiseaux peints en novembre : les oiseaux de plage, connus sous le nom de *chi dori* (planche LXIII , 2), et le canard sauvage volant au-dessus des herbes des marais *(kamo Non ashi)* (Planche LXIII , 3). Okyo et les artistes de son école excellent dans leur traitement vivant de ces trois derniers sujets.

Décembre—Le chrysanthème par temps froid (KAN KIKU), le narcisse ou ermite du ruisseau (SUI SEN), et l'abri de neige en paille de riz *(yuki kakoi)* (Planche LXIII , 4) sont trois favoris pour décembre. Dans ce dernier joli sujet, les chrysanthèmes blancs se blottissent sous la neige, protégeant un abri de paille de riz, une ou deux des fleurs ressortant, leurs feuilles étant rougeâtres sur le bord et vert clair à l'intérieur. Le narcisse est très peint en décembre. Il existe de nombreuses façons et lois pour peindre cette fleur. Un autre sujet hivernal s'appelle *joji* BAI, composé du prunier avec de la neige sur les branches et de petits oiseaux perchés dessus. Les artistes de Kyoto y sont très favorables. Les paysages de décembre sont tous des scènes de neige *(yuki no* SAN SUI) (Planche LXIII , 5) et les manières dont elles sont traitées sont innombrables. Un autre sujet est *le nukume dori* — faucon perché sur un arbre couvert de neige, tenant dans ses griffes un petit oiseau (Planche LXIV , 3). Le faucon ne déchire pas sa victime mais l'utilise simplement pour se réchauffer les pieds ; ceci accompli, il laisse son prisonnier s'échapper et pendant vingt-quatre heures il s'entête à voler dans la direction où le petit oiseau s'est enfui. *Noblesse oblige.*

Le bonhomme de neige ou neige *Damita (yuki Damita)* (Planche LXIII , 6) est peint ce mois-ci par des artistes de toutes les écoles.

Les quatre saisons (SHI KI) forment une série susceptible de traitements et de présentations les plus variées et les plus engageantes. Les saisons sont symbolisées tantôt par des fleurs, tantôt par des oiseaux, encore par les produits de la terre, et souvent par des paysages.

Parfois, des figures humaines sont utilisées à cet effet. Au printemps *(haru)* une jeune fille *(musume)* peut être représentée regardant les fleurs de cerisier (Planche LXV , 1) ; en été *(natsu)*, elle traversera un pont ou profitera de la fraîcheur du bord de la rivière (Planche LXV , 2) ; en automne *(aki)* on la voit dans les champs, probablement en train de cueillir des champignons (Planche LXV , 3), et en hiver *(fuyu)* elle sera assise à l'intérieur en train de jouer d'un instrument de musique (Planche LXV , 4). Alors que l'autre *kakémono* doit toujours être changé dans le *tokonoma* ou l'alcôve selon les saisons, les cérémonies ou les festivals, il existe certaines images appropriées à chaque saison, *par exemple* des rochers et des vagues *(iwa Non nami)*; pin et bambou *(matsu prendre)*; ou le double sujet Okyo appelé *shikuzu Non fuku tsui* (peintures pendantes) : La fin du printemps, un corbeau et le prunier (Planche LXIV , 1) ; la fin de l'automne, l'oiseau *hyo dori* et le kaki (Planche LXIV , 2). La raison en est que tous ces sujets sont en harmonie avec les conditions tout au long de l'année.

Sujets historiques (REKISHI GWA DAI) adaptés à la peinture japonaise sont des sujets extrêmement nombreux et se répartissent en catégories correspondant aux périodes suivantes : Le Nara, le Heian ou Kyoto, le shogunat Kamakura Yoritomo, le shogunat Higashiyama, le shogunat Yoshimasa, le Momoyama ou Taiko Hideyoshi , et le Le shogunat Tokugawa Iyeyasu a été ramené à l'actuelle période Meiji. Celles-ci, avec leurs nombreuses subdivisions, fournissent une infinité de sujets de traitement pictural . Les favoris spéciaux sont « Benkei et Yoshitsune au pont Go Jo », ou « passage à travers la barrière de Hakone » et « Kusanoki Masashige à Minatogawa .

Quand Shaka est né , il se tenait debout, une main bouddhiste pointée vers le haut et l'autre vers le bas et s'est exclamé : « Voici, entre le ciel et la terre, je suis la création la plus précieuse. » Son anniversaire est le sujet de l'image (Planche LXVI , 3) appelée KAN MAISSU OUAIS. Il représente le Bouddha sous la forme d'une statue de bronze dressée dans un baquet de liquide sucré. Les fidèles le versent sur sa tête et boivent ensuite pour lui porter chance. La mort de Shaka est commémorée dans le tableau intitulé NEHAN , Nirvana. Le seigneur Bouddha est étendu sur une bière en train de mourir tranquillement, un sourire angélique éclairant son visage, tandis qu'autour sont rassemblés ses disciples, Rakkan et Bosatsu , et les différents animaux de la création, tous en pleurs. Un rat parti appeler Mayabunin , mère de Bouddha, a été attaqué par un chat et mis en pièces. C'est pour cette raison que dans les peintures de cette scène émouvante de la mort de Shaka , aucun chat ne figure parmi les animaux en deuil. L'artiste Cho Densu , cependant, dans son grand tableau de NEHAN (encore conservé dans le Temple To Fuku Ji à Kyoto) présente le portrait d'un chat. On raconte que, pendant que Cho Densu peignait, le chat venait quotidiennement à ses côtés et miaulait continuellement et exprimant son chagrin, ne le quittait pas. Finalement Cho Densu , par pitié, a peint le chat dans le tableau et là-dessus, l'animal, de joie, est tombé mort.

Le lotus *(hasu)* symbolise le cœur d'un saint *(hotoke)*. Il s'élève intact de la boue de l'étang, et ne peut être taché par aucune impureté, les feuilles perdant toujours tout ce qui peut leur tomber dessus. Il est généralement peint comme un sujet religieux.

Les principales fêtes *matsuri* ou shinto ont lieu à différentes saisons de l'année dans différentes parties de l'empire. Cependant, les mois d'été en réclament la plupart. Le *Kamo no aoi matsuri* a lieu à Kyoto et consiste en une procession, une NO dance et une course de chevaux. L'image appropriée pour ce festival est "le parcours de course *de Kamo* ". *(Kamo no kei ba)*. Le *matsuri* à Nikko est une grande procession, avec trois *mikoshi* ou sanctuaires portés sur les épaules d'une multitude d'hommes. Il existe trois Nikko *matsuri* liés au shogunat Tokugawa.

Inari, étant le dieu de l'agriculture *(ine ,* riz), l'image d'un renard (planche LXVI , 4), messager de ce dieu, est appropriée. Une autre fête, le GYON *Le matsuri,* de Kyoto, est célébré avec une grande procession dans laquelle entrent toutes sortes de chars amusants et toutes sortes de pratiques amusantes. Ceux-ci sont diversement reproduits dans des peintures commémoratives.

Je ne ferai qu'évoquer en passant les nombreux sujets fournis par la belle poésie (HOKKU et *uta)* et les romans célèbres *(monogatari)* du Japon. On en a assez dit pour montrer que l'artiste japonais dispose d'une gamme illimitée de sujets classiques parmi lesquels choisir.

D'autres sujets non associés à une période particulière de l'année représentent, *par exemple,* divers ustensiles de la cérémonie du thé *(cha no yu)* (planche LXVI , 1) lorsque *le macha ,* un thé épaissi, est utilisé. La cérémonie du thé (Planche II) se déroule dans une petite salle équipée de quatre nattes et demie. Si les nattes n'étaient que quatre (SHI) , elles suggéreraient la mort *(shi)*. De plus, un nombre pair étant considéré comme négatif (IN) n'est pas favorisé. Les nattes mesurent trois pieds sur six et doivent toujours être disposées de manière à ne pas former de croix, ce qui porte malheur. Dans l'alcôve de cette salle aucun *kakémono* n'est autorisé hormis un kakémono dans le plus pur style japonais. Le sujet de la peinture dépendra de la saison, alors que toutes les couleurs rouges sont prescrites et les images *sumi* de l'école Kano sont les plus appropriées. Le traitement doit être simple (TAN PAKU) ; par exemple, une seule fleur, une branche de prunier, un ermite ou un sommet de montagne solitaire. Lors de la cérémonie du SEN CHA (

planche LXVI , 2), qui est la manière chinoise de préparer le thé, ces règles strictes du *cha no yu* sont assouplies.

CHAPITRE SEPT.
SIGNATURES ET SCEAU

Il existe de nombreux livres sur le thème de la signature et de l'authentification d'un tableau. Deux œuvres bien connues sont « GWA JO YO RYAKU » et « DAI GA SHI SAN ». En Chine, les hommes de lettres ajoutent souvent des éléments descriptifs à leurs peintures, écrivant dessus en bonne place : « Dans un rêve la nuit dernière, j'ai été témoin de la scène que j'essaie ici de reproduire » ou « Lors d'une excursion en bateau, nous avons vu ce pin ombrageant les rives de la rivière. .» De tels ajouts au tableau permettent à l'artiste de montrer ses compétences d'écrivain expert et sont considérés comme renforçant l'effet général. Souvent, la poésie originale remplace la prose. L'année, le mois et le jour seront ajoutés, suivis de la signature de l'auteur, avec un terme autodépréciatif, tel que « pêcheur de la mer du Nord ». « bûcheron de montagne » ou « ermite habitant au milieu des nuages et des rochers ». Une telle signature, avec un ou plusieurs sceaux dispersés sur la face de l'œuvre, est appelée dans l'art RAKKWAN , signifiant « terminé ».

Au Japon, une manière de signer quelque peu différente prévaut. La signature de l'artiste avec son sceau en dessous est apposée sur le tableau, non pas dans une partie visible mais dans la partie la moins visible du tableau.

Les peintres des écoles Tosa , Fujiwara, Sumiyoshi et Kasuga , en signant leurs œuvres, écrivent d'abord au-dessus de leur signature leur fonction et leur rang, *par exemple* : Unemi no Kami ou Shikibu Gondai no Kami dans les caractères chinois carrés ou ronds.

Les artistes Kano signaient leurs noms en caractères ronds (GYO SHO) et n'ont pas ajouté leur rang ou fonction laïque mais ont écrit avant leur signature leurs titres bouddhistes ; Ainsi, HOGAN Motonobu , HO KYO Naganobu , HOIN Tsunenobu . Durant la période Maruyama, tous les titres et rangs étaient omis et simplement le nom (*namae*) ou le *nom de plume* (GO) a été écrit, — ainsi Okyo , Goshun , Tessan , Bun Cho — une attention stricte étant toutefois accordée à l'exécution des caractères chinois pour de telles signatures d'une manière à la fois artistique et étonnamment attrayante, qu'ils soient écrits dans l'un ou l'autre des trois formes habituelles techniquement appelées SHIN, DONC GYO .

La date, NEN GO, précédant la signature sur un tableau est souvent indiquée par l'utilisation de l'un des douze caractères horaires (JU NON SHI) ainsi que l'un des dix signes du calendrier (JU RAN). La thèse, ordonnée, comprend un cycle de soixante ans ; en d'autres termes, ils ne sont jamais réunis de la même manière ni ne coïncident qu'une seule fois au cours de cette période. Aucun artiste de moins de soixante ans ne devrait, en signant son œuvre, faire allusion à son âge, et encore moins indiquer son âge. Pour lui, être capable d'écrire soixante-dix-sept avant son nom est de très bon augure : une façon d'écrire *kotobuki* , le mot le plus chanceux en japonais, consiste à employer deux sept qui, ainsi composés, sont dits être le caractère SO SHO de ce mot. . Les très jeunes sont autorisés à signer leurs peintures ou écrits pour ajouter leur âge exact jusqu'à treize ans.

Lorsque les artistes littéraires chinois ajoutent des poèmes à leurs peintures, on peut y observer jusqu'à huit sceaux. Dans les peintures japonaises, on n'utilise jamais plus de deux sceaux qui suivent et authentifient la signature.

La distance correcte à laquelle un *kakémono* doit être observé est la largeur d'un tapis *(tatami)* depuis l'alcôve où l'image est accrochée. C'est une mauvaise manière de le regarder debout. Avant d'examiner l' œuvre d'un œil critique , un Japonais examinera la signature et le sceau de l'artiste. Au Japon, c'est une règle cardinale que la signature soit apposée de manière à ne pas interférer avec le schéma de l'image ni attirer le regard. Si l'image regarde vers la droite, la signature et le sceau doivent être placés à gauche, et *vice versa ;* si l'intérêt principal est dans la partie supérieure d'une image, ceux-ci doivent être placés plus bas, et *vice versa.* Comme chaque tableau a sa division en IN et YO , le RAKKWAN est placé en IN. Certains artistes recouvrent partiellement leurs signatures avec leur impression de sceau. Les artistes féminines ajoutent à leur signature le caractère JO , signifiant femme. Les peintres vétérans écriront parfois avant leur signature le personnage du vieil homme *(okina).*

Le sceau de l'artiste est souvent une œuvre d'art et son nom de famille (MYOJI) ou son nom d'artiste (GO) y est généralement gravé avec les caractères du sceau chinois appelés DIX SHO . Lorsque deux sceaux sont apposés sous la signature, l'un peut contenir un aphorisme classique, comme TAI BI FU GEN (le vrai beau est indescriptible) ou CHU YO (garder la voie du milieu). Avant l'utilisation des sceaux, les écrits étaient authentifiés par des rouleaux appelés *kaki.* HAN . Même maintenant, de tels parchemins sont utilisés. Les principes sur lesquels ils sont façonnés sont issus de la tradition astrologique (EKI). Les graveurs de sceaux jouissent à juste titre d'une renommée pour leur savoir et leur savoir-faire. Sculpter un sceau est l'exploit reconnu d'un gentleman, et le graveur de sceaux vivant le plus célèbre du Japon est un amateur. Les sceaux sont en jade, en cristal de roche, en bois précieux, en racine de bambou de Formose, en or, en argent ou en ivoire. La meilleure pierre dure pour les phoques vient de Chine et est connue sous le nom de crête de coq (KEI KETSU SEKI).

Au cours de sa carrière, un artiste collectionnera de nombreux sceaux précieux pour son propre usage. À sa mort, ceux-ci peuvent être donnés à ses élèves préférés ou conservés comme trésors de la maison. Bairei a laissé des instructions pour que plusieurs de ses sceaux soient détruits.

La pâte de phoque (NIKU) est composée d'herbe Diana *(mogusa)* séchée pendant trois ans, ou d'une plante appelée *yomogi*, ou de poils de lapin doux et finement hachés, bouillis dans de l'huile de ricin pendant cent heures avec de la cire blanche puis colorés en rouge, couleur marron, bleu ou thé. Le sceau doit être soigneusement essuyé après utilisation, sinon la pâte durcit dessus.

Les peintures japonaises sont rarement encadrées, car les cadres prennent trop de place. Les cadres sont principalement utilisés pour les écrits chinois, accrochés en hauteur dans les lieux publics ou autour de l'habitation, et sont appelés GAKU , qui signifie « front », en allusion au fait de lever la tête pour lire ce que contient le cadre. Il est d'usage que de tels écrits encadrés soient signés du vrai nom plutôt que du *nom de plume*.

Deux sortes de sceaux sont apposés sur le cadre : l'un, à droite, au début de l'écriture, et appelé YU IN, contenant quelque précepte ou maxime ; et un ou deux, à gauche, après la signature, portant le nom de l'artiste et toute autre désignation appropriée. Tous les écrits en chinois ou en japonais se lisent de droite à gauche et constituent souvent l'unique ornement d'une paire de paravents.

Pour guider les experts qui transmettent l'authenticité des peintures japonaises, il existe une publication bien connue, « GWA KA RAKKWAN IN SHIN » , de Kano Jushin , qui contient des reproductions en fac-similé des signatures et des sceaux de tous les artistes célèbres du Japon. le passé lointain et récent.

En concluant ce travail, dont j'ai conscience qu'il ne s'agit que d'une étude imparfaite d'un sujet vaste et complexe, j'aimerais attirer l'attention sur le fait qu'en Europe comme en Amérique, il y a un merveilleux éveil à la dignité, à la simplicité et à la beauté de l'art japonais. Ceci est largement dû aux écrits et publications minutieux et savants de MM. Anderson, Binyon , Morrison et Strange en Angleterre, Fenollosa aux États-Unis , DeGoncourt , Gonse et Bing en France, Seidlitz en Allemagne et Brinkley et Okakura en Japon; et tous les étudiants en art doivent leur rendre l'hommage de leur sincère admiration.

Le but de tout art, comme l'a dit avec raison Cicéron, est d'adoucir les mœurs, en entraînant le cœur et l'esprit aux pensées justes et aux sentiments dignes. À cette fin, rien ne contribuera plus sûrement qu'une étude fidèle de l'art pictural du Japon, et plus nous étudions et apprécions ses principes, plus

nous multiplierons les heures que le cadran solaire enregistre, les moments
sereins et joyeux de l' existence . .

EXPLICATION DES BANDEAUX

CONCEPTION DE LA PAGE DE TITRE. Papillons et oiseaux, appelés *cho tori* .

<u>CHAPITRE PREMIER</u> . La fleur et les feuilles de la pivoine (BOTAN), telles que conventionnelles sur les armures anciennes (*yoroi*).

<u>CHAPITRE DEUX</u> . Feuilles en forme d'éventail de l' *icho* ou GIN NAN (*Salisburiana*), placées dans des livres en Chine et au Japon pour prévenir les ravages du rat de bibliothèque.

<u>CHAPITRE TROIS</u> . Le dessin intitulé « Rosée sur l'herbe et les papillons » (*tsuyu , kusa ni cho*).

<u>CHAPITRE QUATRE</u> . Le motif (*moyo*) connu sous le nom de bambou et le moineau gonflé (*prenez nifukura je suppose*). Les parties de l'oiseau sont conventionnelles de manière amusante, à la manière de Korin . Le mot FUKURA écrit en chinois contient le caractère porte-bonheur FUKU (bonheur).

<u>CHAPITRE CINQ</u> . Les feuilles d'érable sont associées à Ten Jin (Sugiwara Michizane), patron du savoir. Les enfants invoquant son aide dans une petite prière comptent les pointes de la feuille d'érable en disant : « *yoku te agaru* » — aide-nous à être intelligents. En japonais, la feuille d'érable s'appelle *kaide* , ce qui signifie main de grenouille.

<u>CHAPITRE SIX</u> . Le motif chrysanthème .

<u>CHAPITRE SEPT</u> . La conception de la sauvagine, appelée *midsu tori* .

PLAQUES EXPLICATIVES DU TEXTE PRÉCÉDENT SUR LES LOIS DE LA PEINTURE JAPONAISE

Les huit façons de peindre en couleur, appelées les lois de la coloration [3]

Méthode de pose la plus soignée sur la couleur. Planche VIII.

La méthode de l'aquarelle claire. Planche XI.

Couleur avec contours supprimés. Planche XII.

Couleur sur lignes. Planche XIII.

Méthode brun rougeâtre clair. Planche XIV.

Le motif blanc. Planche XV.

La méthode Black ou Sumi. Planche XVI.

Paysages, oiseaux, arbres et ruisseaux

La règle de proportion dans les paysages. Planche XVII.

Le Ciel, la Terre, l'Homme. Planche XVIII.

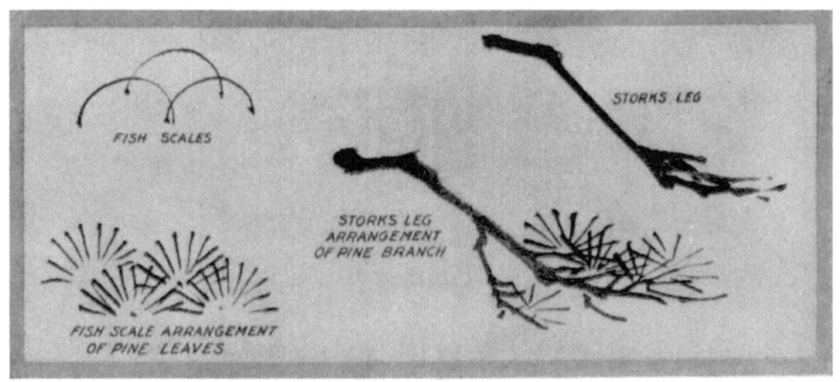

Branches de pins. Planche XIX.

Des ruisseaux sinueux. Planche XX.

Un arbre et ses parties. Planche XXI.

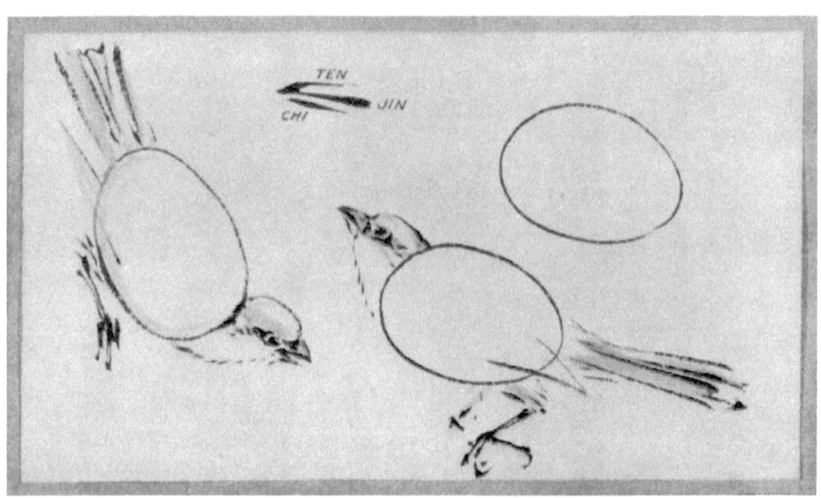

Oiseau et ses subdivisions. Planche XXII.

Méthode à l'écorce de chanvre pelée pour les rochers et les rebords (a) Les coups de hache (b). Planche XXIII.

Lignes ou veines de feuille de lotus (a). Cristaux d'alun (b). Planche XXIV.

Feuilles de riz en vrac (a). Brindilles d'allumage flétries (b). Planche XXV.

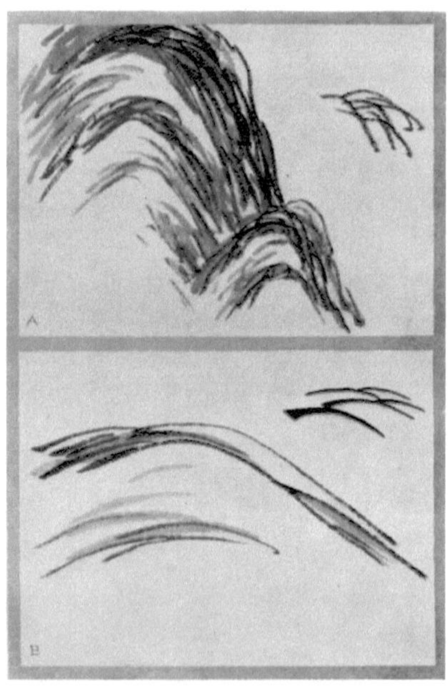

Feuilles de chanvre éparses (a). Rides sur le cou de la vache (b). Planche
XXVI.

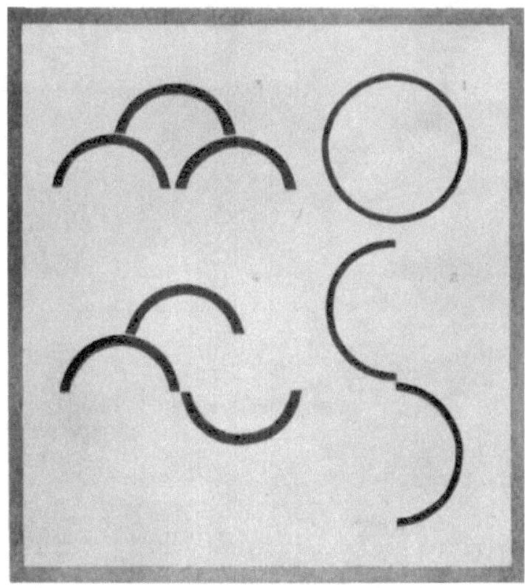

Le Cercle (1). Demi-cercle (2). Écailles de poisson (3). Écailles de poisson
en mouvement (4). Planche XXVII.

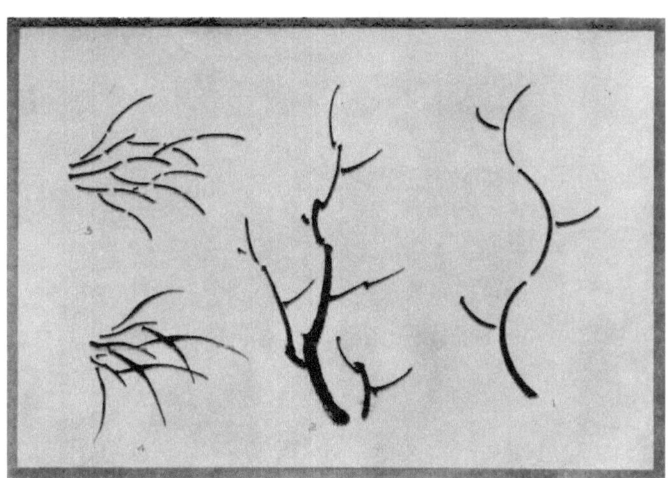

Théorie de la croissance des arbres (1). Application pratique (2). Croissance
de l'herbe en théorie (3). En pratique (4). Planche XXVIII.

Squelette d'un arbre forestier (1) Idem développé (2). Arbre Complété en structure (3). Planche XXIX.

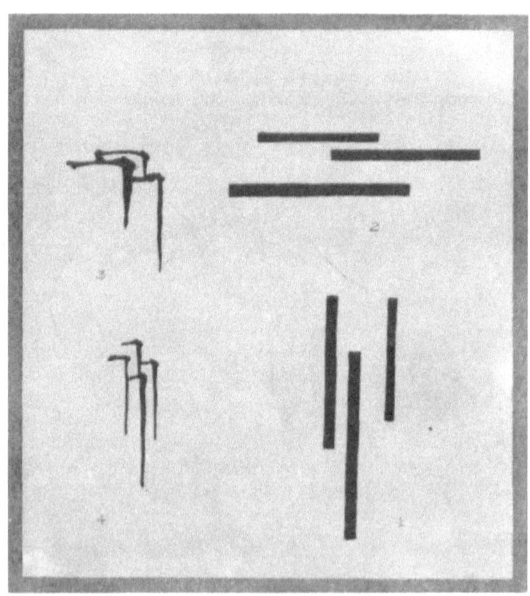

Lignes perpendiculaires pour les rochers (1). Lignes horizontales pour les roches (2). La construction rocheuse telle qu'elle est pratiquée dans l'art (3 et 4). Planche XXX.

Différentes façons de peindre les roches et les rebords. Planche XXXI.

Lois des points

Point de glycine (a). Point de chrysanthème (b). Planche XXXII.

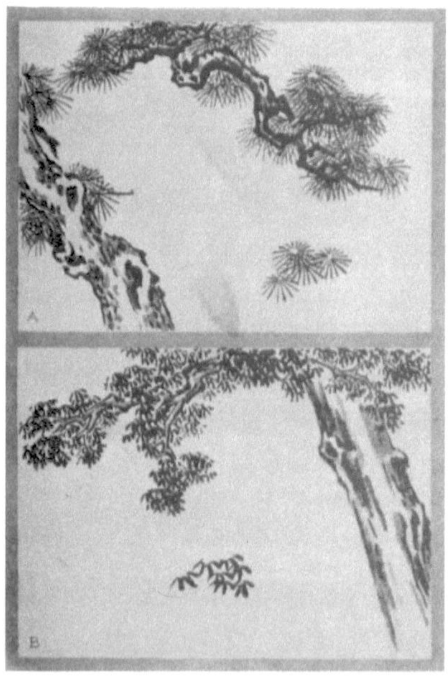

Point à rayons de roue (a). Point KAI JI (b). Planche XXXIII.

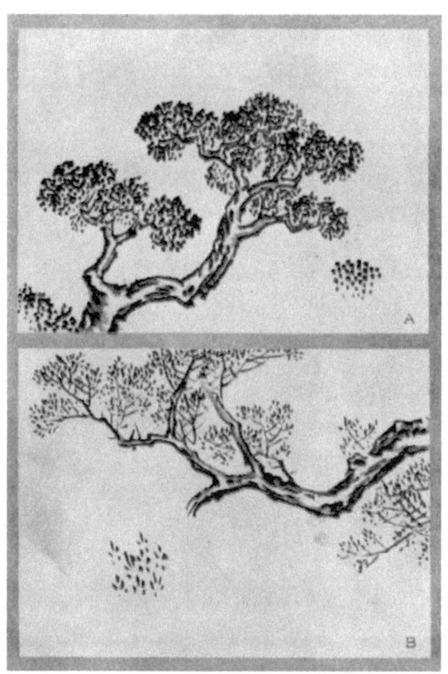

Point de graine de poivre (a). Point d'empreinte de souris (b). Planche XXXIV.

Point dentelé (a). Point ICHI JI (b). Planche XXXV.

Point coeur (a). Point HITSU JI (b). Planche XXXVI.

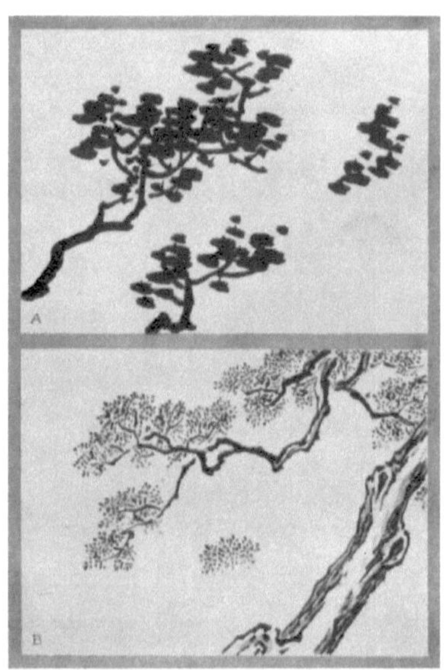

Point de riz (a). HAKU YO Dot (b). Planche XXXVII.

Vagues (a). Différents types d'eaux en mouvement (b). Planche XXXVIII.

Vagues de la mer (a). Vagues du ruisseau (b). Planche XXXIX.

Vagues de tempête. Assiette XL.

Lois des lignes du vêtement

Ligne de fil de soie (supérieure). Ligne de corde Koto (inférieure). Planche XLI.

Nuages, lignes d'eau (en haut). Ligne de fil de fer (inférieure). Planche XLII.

Tête de clou, ligne de queue de rat (supérieure). Ligne Tsubone (inférieure).
Planche XLIII.

Ligne Willow-Leaf (supérieure). Ligne Angle-Ver (inférieure). Planche
XLIV.

Rusty-Nail et Old-Post Line (en haut). Ligne de graine de date (inférieure). Planche XLV.

Ligne Reed cassée (supérieure). Ligne de nœud noueux (inférieure). Planche XLVI.

Ligne d'eau tourbillonnante (supérieure). Ligne de suppression (inférieure).
Planche XLVII.

Ligne de brindilles sèches (supérieure). Ligne Orchidée-Feuille (inférieure).
Planche XLVIII.

Lois des Quatre Parangons

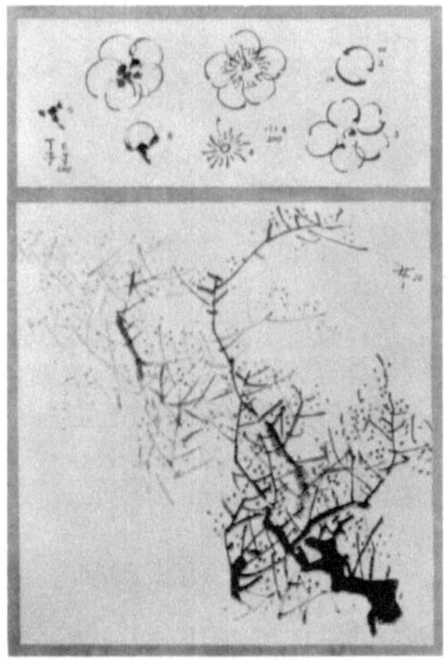

Le prunier et ses fleurs. Planche L.

La fleur et les feuilles de chrysanthème. Planche LI.

La plante et la fleur d'orchidée. Planche LII.

La plante et les feuilles de bambou. Planche LIII.

Sujets de peinture

Lever de soleil sur l'océan (1). Horai San (2). Soleil, cigognes et tortue (3, 4, 5). Planche LIV.

Fuku Roku Ju (1). Le pin (2). Bambou et Prune (3). Kado Matsu et Shimenawa (4). Galettes de riz (5). Plaque LV.

Soleil et vagues (1). Grains de riz (2). Plante de coton (3). Porte de bataille (4). Navire au trésor (5). Planche LVI.

Les poules et le prunier (1). Prune et oiseau chanteur (2). Le dernier de la neige (3). Fleurs de pêcher (4). Poupées en papier (5). Nana Kusa (6). Planche LVII.

Cerisiers (1). Marée descendante (2). Saohimé (3). Glycine (4). Iris (5). Lune et coucou (6). Planche LVIII.

Carpe (1). Cascades (2). Corbeau et neige (3). Kakéhi (4). Tanabata (5). Graminées d'automne (6). Planche LIX.

. Riz et moineaux empilés (1). Lapin dans la Lune (2). Megetsu (3). Douches de brume (4). Herbes aquatiques (5). Yoga (6). Plaque LX.

Chrysanthème (1). Tatsutahime (2). Cerfs et érables (3). Les oies et la Lune (4). Fruits d'automne (5). Singe et kakis (6). Planche LXI.

Écureuil et raisins (1). Kayenu Matsu (2). Evesco ou Ebisu (3). Zan Kiku (4). Première neige (5). Oharamé (6). Planche LXII.

Canards mandarins (1). Chi Dori (2). Canard volant (3). Abri à neige (4). Scène de neige (5). Daruma des neiges (6). Planche LXIII.

Corbeau et Prune (1). Oiseau et kaki (2). Nukumé Dori (3). Kinuta uchi (4).
Planche LXIV.

Sautez (1). Buzzer (2). Automne (3). Hiver (4). Planche LXV.

Cha no Yu (1). Sen Cha (2). Naissance de Bouddha (3). Inari (4). Planche LXVI.

Notes de bas de page

1.

Ceci est une traduction du manuscrit original d' IWAYA SHO HA ou Iwaya Sazanami , l'un des écrivains les plus connus et les plus populaires sur le folklore japonais.

2.

Traduit du manuscrit original de Hirai Kinza , érudit, conférencier et auteur réputé.

3.

Note du préparateur : les seules éditions dont je dispose comportent ces planches en noir et blanc.